Christa Pöppelmann

PRÄSENTATION

Ziele formulieren
Auswahl treffen
Erfolgreich argumentieren

Mit Illustrationen von Martin Ring

GONDROM

Konzept und Producing: twinbooks, München
Redaktion: twinbooks, München (Gabi Lange, Alexandra Kinzkofer)
Abbildungen: twinbooks, München (Martin Ring)
Covergestaltung: Method Art Design, München (Irina Pasdarca)
Umschlagfoto: Method Art Design, München (Christian von Proeck)

013

ISBN 3-8112-2260-0

5 4 3 2 1

Inhalt

Einleitung

Präsentationen gewinnen im beruflichen Alltag immer mehr an Bedeutung. Es genügt nicht mehr, nur gute Ideen zu haben, sie müssen originell verpackt sein! Das hat mit Oberflächlichkeit nichts zu tun. Vielmehr sind Ihre Ideen es wert, entsprechend an den Mann oder die Frau gebracht zu werden. Sicherlich kennen Sie Situationen am Arbeitsplatz, in denen Sie beispielsweise Chef und Abteilung von einem neuen Projektplan überzeugen mussten. Trotz guter Vorbereitung ist dann doch nicht alles so gelaufen, wie Sie es wollten: Natürlich waren Sie sehr nervös, es ging ja auch um viel Geld, die Stimme klang nicht frei, sondern gepresst, und Sie haben viel zu schnell gesprochen. Zu guter Letzt hat dann auch noch die Technik versagt, sodass Ihre guten Ideen und hervorragenden Vorschläge nicht angekommen sind. Wieder mal sind Sie enttäuscht und unbefriedigt aus dem Meeting herausgegangen. Es hätte mit der richtigen Vorbereitung auch besser laufen können!

Selbst im Privatleben sind gute Präsentationen wichtig. Wenn Sie zurückdenken: Der letzte Urlaub war wirklich einmalig, Sie haben viele Fotos gemacht. An einem Abend laden Sie Freunde ein und zeigen Dias zu umwerfend schönen Landschaften. Dennoch springt kein Funke über, weil Sie das Erlebte eben nicht so gut verkaufen können. Wie schade ... »Was hätte ich denn besser machen können?« werden Sie berechtigterweise fragen!

Die Frage, wie eine gute Rede zu halten ist und wie man das Gemeinte dem Publikum optimal vermitteln kann, ist von vielen sehr bekannten Persönlichkeiten gestellt worden. Die Antworten lauten sehr unterschiedlich. Aber die meisten waren sich einig, dass es keine ganz einfache Sache ist, immer die Sache auf den Punkt zu treffen und wirklich zu überzeugen.

Sie müssen kein rhetorisches oder technisches Genie sein, um in puncto »Präsentation« überzeugend zu wirken. Es genügen einige wenige, aber sehr hilfreiche Tricks. Dieses Buch zeigt Ihnen,

- wie Sie Mut und Selbstbewusstsein für eine Präsentation gewinnen,
- einen Vortrag optimal vorbereiten,
- Ihre Zuhörer mit Ihrer Begeisterung anstecken,
- in Fragerunden mit Ihrem Standpunkt überzeugen,
- mit Blackouts und Pannen souverän umgehen.

Dass Sie diesen Ratgeber in Händen halten, beweist, dass Sie an einer Verbesserung Ihrer Vortragstechnik und Ihrer rhetorischen Fähigkeiten interessiert sind. Seien Sie sicher: Eine Verbesserung ist möglich, sie dient Ihrem beruflichen und privaten Vorwärtskommen. Sie haben das Potenzial dazu!

Die Ist-Situation

Viele Menschen setzen sich zum ersten Mal mit einer Präsentation auseinander, wenn sie eine halten müssen. Dann holen sie sich irgendwo einige Tipps zur Aufbereitung des Materials und kopieren ein paar Folien. Nach der Präsentation haben sie den Eindruck, dass es halbwegs geklappt hat, und die Inhalte irgendwie vermittelt worden sind. Das scheint es dann gewesen zu sein. Selbst wenn Sie unter Zeitdruck stehen, können Sie es besser machen! Beginnen Sie mit einer Bestandsaufnahme, um zu erfahren, wohin Sie wirklich gelangen wollen.

Soll ich das tun? – Die erste Entscheidung

Eine Präsentation ist die Chance, anderen Menschen Ihre Arbeit, Ihr Wissen oder Ihre Ideen und Überzeugungen zu vermitteln. Neben dem Thema stellen Sie aber auch zwangsläufig Ihre eigene Kompetenz, Ihre Kreativität und Ihre Persönlichkeit dar. Gehören Sie zu den Menschen, die spontan und begeistert zugreifen, wenn sich diese Möglichkeit bietet? Oder zählen Sie zu denen, die ebenso spontan nach einer guten Ausrede suchen, um den öffentlichen Auftritt zu vermeiden? Beides sind verständliche Reaktionen, aber nicht unbedingt richtig. Die Entscheidung, einen Vortrag zu übernehmen, will gut überlegt sein. Denn wenn die Rahmenbedingungen nicht stimmen, dann können Sie mit all Ihrer Begeisterung das Ziel Ihrer Präsentation verfehlen. Die erste Frage lautet also: Ist es gut, wenn ich diese Präsentation halte?

TIPP

Gehen Sie von einer positiven Entscheidung aus. Nicht: Soll ich oder soll ich nicht? Sondern: Gibt es etwas, was dagegen spricht?

Passt das Thema?

Jeder kann eine Präsentation halten – wenn er etwas zu sagen hat. Die wichtigste Voraussetzung für eine gelungene Präsentation ist nicht, ob man gut reden oder mit einem Beamer umgehen kann. Das Allerwichtigste ist, dass Sie fachlich sattelfest sind. Nach dem Vortrag wird es in einer Diskussion vermutlich Zwischenfragen geben, vor allem, wenn Sie keinen besonders kompetenten Eindruck erwecken. Außerdem müssen Sie bei einer Präsentation nicht nur zum Thema sprechen, sondern eine schlüssige Argumentation aufbauen, die zum anvisierten Ziel führt. Sie müssen Wichtiges von Unwichtigem unterscheiden können, Fakten kennen und bewerten, Einwände entkräften und Vorteile herausstreichen.

MERKE: Alle Bestandteile einer gelungenen Präsentation lassen sich mit etwas Engagement erarbeiten, doch mit dem Thema müssen Sie vertraut sein.

Ihre innere Einstellung ist wichtig. Wenn Sie sich zum Beispiel seit Jahren dafür einsetzen, den betrieblichen Umweltschutz zu optimieren, wird Ihnen Ihr Publikum dieses Engagement abkaufen. Aber nicht, wenn Sie sich auf höheres Geheiß die wichtigsten Fakten angelesen haben und selbst noch nicht wissen, was Sie von der Sache halten sollen. Auch sollten Sie keine falschen Bedenken haben! Es ist völlig normal, dass Sie noch keine fertige Argumentationsstruktur im Kopf haben und noch einiges recherchieren müssen.

Stimmen die Rahmenbedingungen?

Sie haben ein Thema bekommen, das Sie sehr gerne vorstellen möchten. Trotzdem sollen Sie erst die Rahmenbedingungen abklären, bevor Sie diese Aufgabe übernehmen. Diese Fragen sollten Sie berücksichtigen:

- **Wann?** Reicht die Zeit für eine ordentliche Vorbereitung? Wie sieht Ihre Arbeitsbelastung aus? Welche anderen wichtigen Projekte stehen an?
- **Wo?** Findet die Präsentation in der näheren Umgebung oder in einer weit entfernten Stadt statt? Gibt es eine Möglichkeit, die Örtlichkeiten vorher kennen zu lernen?
- **Für wen?** Sollen Sie zum Beispiel vor besorgten Eltern, Spielwarenherstellern oder Erziehungswissenschaftlern sprechen? Haben Sie als Vortragender dieselben Interessen wie Ihre Zuhörer? Unter Umständen gehen beide Seiten von unterschiedlichen Zielvorstellungen aus.

TIPP
In einer guten Präsentation sagt der Referent bei weitem nicht alles, was er weiß! Er macht neugierig.

- **Warum?** Was erwartet Ihr Publikum? Eine allgemeine Einführung oder gezielte Informationen? Sollen Sie vielleicht Argumente für eine angestrebte Reform in einem ganz bestimmten Kindergarten liefern? Oder erwarten Ihre Zuhörer Informationen über die Produktqualität, nicht den pädagogischen Wert von Spielzeug?
- **Wie?** Wer redet noch im Rahmen dieser Veranstaltung? Wie viel Zeit räumt man Ihnen ein? Soll es eine Diskussion geben? Vielleicht sogar in Englisch? Werden die nötigen Hilfsmittel gestellt?

Was kann passieren?

Machen Sie eine Risikoabschätzung, bevor Sie eine Präsentation zusagen!

▶ **»Ich könnte mich blamieren.«**
Wenn Sie Ihr Thema beherrschen und genügend Zeit für eine solide Vorbereitung haben, dann ist die Gefahr, sich zu blamieren äußerst gering. Alles andere – inklusive Lampenfieber – lässt sich in den Griff bekommen.

▶ **»Die Technik könnte versagen.«**
Durch einen vorherigen Test können Sie sicherstellen, dass während der Präsentation alle Medien funktionieren. Benutzen Sie im Zweifelsfall einfachere Präsentationsmedien.

TIPP
Malen Sie sich nicht die schlimmsten Katastrophen aus, sondern bleiben Sie realistisch. Wer immer Angst vor der nächsten Bananenschale hat, darf nicht mehr aus dem Haus gehen.

▶ **»»Mein Chef könnte hinterher unzufrieden sein.«**
Dagegen hilft ein offenes Gespräch im Vorfeld. Erkundigen Sie sich, was von Ihnen erwartet wird, und überlegen Sie, ob Sie diese Ansprüche erfüllen können. Wenn Sie sich an die Abmachungen halten und der Vorgesetzte trotzdem nicht zufrieden ist, dann ist er in Erklärungsnot und nicht Sie.

▶ **»»Vielleicht kommt mein Vortrag nicht an.«**
Vermutlich können Sie sich selbst an genügend Präsentationen und Vorträge erinnern, die Ihnen nicht viel gebracht haben. So etwas ist ärgerlich, aber keine Katastrophe. Sagen Sie also nur ab, wenn die Wahrscheinlichkeit, dass Sie und Ihr Publikum einander nicht verstehen, wirklich hoch ist.

Was sagt der Chef?

Nicht jeder Vorgesetzte ist besonders einsichtig, was die guten Argumente seiner Mitarbeiter angeht. Es kann Ihnen passieren, dass Sie einer heiklen Präsentation trotz aller Einwände einfach nicht entgehen können. Dann ist Schadensbegrenzung angesagt:

- **Wenn das Thema nicht passt:** Versuchen Sie andere Schwerpunkte zu setzen oder wenigstens besonders heikle Punkte auszuklammern!

- **Wenn die Zeit knapp ist:** Bestehen Sie darauf, von anderen Arbeiten entbunden zu werden, eine Hilfskraft oder wenigstens eine Vorzugsbehandlung im Sekretariat zu bekommen.
- **Wenn Sie nicht kompetent genug sind:** Ziehen Sie Fachkräfte hinzu! Wenn Ihr Vorgesetzter Sie – mit solidem Halbwissen – der wenig sprachgewandten Projektleiterin vorzieht, dann sollten Sie zu mindestens darauf bestehen, dass die Frau anwesend ist. Wenn Sie sich deutlich als Vertriebsmann ausweisen und erklären »Fachfragen stellen Sie bitte an Frau X«, wird Ihnen das kein Mensch übel nehmen. Im Gegenteil! Vermutlich ist der Kunde sehr angetan, dass man zu seiner Information ein mehrköpfiges Team aufbietet.

Kann ich das? – Die Selbsteinschätzung

Müsste die Frage nach den eigenen Fähigkeiten nicht eigentlich am Anfang jeder Entscheidung stehen? Sie muss es nicht. Wenn Sie Ihr Thema beherrschen und die Rahmenbedingungen stimmen, dann können Sie Ihr Wissen auch präsentieren. Trotz allem ist die Selbstanalyse wichtig. Es geht jetzt um die Frage, wie Sie auftreten. Sie wollen schließlich Ihre Stärken ausspielen und Ihre Schwächen in den Griff bekommen.

Freudentaumel oder Mauseloch?

Wie geht es Ihnen bei dem Gedanken, eine Präsentation halten zu müssen? Erkennen Sie sich bei diesen Sätzen wieder:

- **»Bloß nicht ich! Ich würde sterben, wenn ich da stehe.«**

Ihr Problem ist die Angst und nicht die mangelnden Fähigkeiten. Aber irgendwann werden Sie sich nicht mehr drücken können. Beginnen Sie also den Kampf gegen die Angst! Möglichst sofort und in kleinen, stetigen Schritten! Präsentation ist eine Technik, die erlernbar ist.

- **»Das können andere doch viel besser.«**

Wenn Sie diese Haltung haben, dann werden vermutlich auch die anderen Karriere machen und sich durchsetzen. Wenn Sie gebeten werden, eine Präsentation zu halten, dann vertraut man Ihren Fähigkeiten. Tun Sie das selbst auch!

- **»Das bedeutet doch bloß Arbeit. Soll sich das jemand anders antun!«**

Eine Präsentation ist selten eine überflüssige Arbeit. Sie ist die Chance, Forderungen durchzusetzen, Dinge in die gewünschte Bahn zu lenken und die eigenen Fähigkeiten öffentlich darzustellen. Gelingt das, dann hat sich die Arbeit mehr als ausgezahlt.

- **»Na ja, wenn es sein muss, mache ich das schon.«**

Ein entscheidender Erfolgsfaktor für eine gelungene Präsentation ist, das Publikum zu erreichen und die eigene Begeisterung zu übertragen. Wenn Sie Ihr Thema nicht mit Überzeugung vertreten, werden Sie nur schwer überzeugen können.

- **»Im Prinzip ja, aber ...«**

Bedenken sind wichtig, sie dürfen aber nicht überhand nehmen. Prüfen Sie, ob das »Aber« wirklich schwerer wiegt als die Chancen!

- **»Wenn die Rahmenbedingungen passen: gerne.«**

Mit dieser Einstellung ist Ihnen der Erfolg Ihrer Präsentation so gut wie sicher! Wenn Sie Freude an der Aufgabe haben und sich sorgfältig vorbereiten, kann eigentlich nichts mehr schief gehen.

- **»Toll! Auf jeden Fall!«**

Begeisterung ist eine gute Sache und kann Sie sehr weit bringen. Aber Sie sollten sich nicht dazu verleiten lassen, wichtige Punkte zu übersehen oder lästige Kleinigkeiten zu vernachlässigen.

Was bringe ich mit?

Redetalent, Ausstrahlung und das nötige technische Know-how: Das sind vermutlich die Fähigkeiten, die jedem zuerst einfallen, und offensichtlich die, die man auf der Bühne braucht. Aber sie machen nur einen kleinen Bruchteil der Talente aus, die tatsächlich zu einer gelungenen Präsentation beitragen. Suchen Sie gezielt nach Ihren Stärken, damit Sie wissen, welche Werkzeuge Ihnen zur Verfügung stehen.

- **Analytisches Denken:** Wissen Sie, was wirklich wichtig ist? Können Sie aus einer Masse von Informationen ein Problem herausfiltern und Zusammenhänge erkennen? Sind Sie fähig, weiterzudenken und mögliche Konsequenzen zu sehen?
- **Ausstrahlung: Verfügen Sie über Charisma?** Haben Sie das Lächeln, das Herzen gewinnt, und die Gestik, die Vertrauen einflößt? Finden andere Menschen leicht einen Draht zu Ihnen?
- **Begeisterung: Lieben Sie Ihr Thema?** Können Sie diese Begeisterung an Ihr Publikum weitergeben und Ihre Sache zu der Ihrer Zuhörer machen?
- **Beherztheit:** Fällt es Ihnen leicht, sich einer Herausforderung zu stellen? Sind Sie fähig, Zweifel beiseite zu schieben? Können Sie ohne Herzklopfen vor ein Publikum treten?

TIPP
Auch wenn Sie inhaltlich viel zu sagen haben, tun Sie gut daran, an Ihrem Auftreten zu arbeiten. Gehen Sie beherzt an die Sache heran.

- **Disziplin:** Setzen Sie einen einmal beschlossenen Aktionsplan konsequent um? Können Sie sich hundertprozentig auf sich selbst verlassen?
- **Empathie:** Können Sie Ihre Präsentation mit den Augen Ihrer Zuhörer sehen? Haben Sie die Fähigkeit, sich in die Empfindungen anderer einzufühlen? Fällt es Ihnen leicht, den richtigen Ton zu treffen?
- **Fleiß:** Gehören Sie zu den Leuten, die immer ein bisschen mehr investieren? Sitzen Sie gern an Ihrer Arbeit? Sind Ihre Ergebnisse umfassender, gründlicher und zuverlässiger als der Durchschnitt?
- **Flexibilität:** Können Sie sich leicht auf unvermutete Situatio-

nen einstellen? Bei Pannen improvisieren? Sind Sie fähig, Dinge in eine andere Richtung zu dirigieren als ursprünglich geplant?

- **Gelassenheit:** Sehen Sie einem öffentlichen Auftritt ruhig entgegen? Bewahren Sie auch dann die Nerven, wenn nicht alles glatt geht? Lassen Sie sich von Anfeindungen aus dem Publikum nicht provozieren?
- **Künstlerisches Talent:** Können Sie gut und freihändig zeichnen, attraktive Grafiken erstellen und Ihrer Präsentation eine optische Linie geben?
- **Objektivität:** Sind Sie fähig, Gegenargumente unvoreingenommen zu betrachten? Können Sie Fakten von Ihren Wünschen und Gefühlen trennen? Schätzen Sie Sachverhalte realistisch ein?
- **Phantasie:** Haben sie gute Ideen, wie Sie eine Aufgabe lösen? Fällt Ihnen das Besondere ein? Können Sie Ihre Visionen auch in die Köpfe Ihrer Zuhörer übertragen?
- **Sprachgefühl:** Können Sie frei und souverän reden? Fallen Ihnen gute Vergleiche und treffende Redewendungen ein? Treffen Sie die Sprache Ihrer Zuhörer?

TIPP
Halten Sie am besten schriftlich fest, wo Ihre Stärken und Schwächen liegen.

- **Technisches Talent:** Können Sie mit jedem fremden Gerät sofort umgehen? Sind Sie mit den neuesten Möglichkeiten vertraut? Reizen Sie diese gern bis zum Äußersten aus?
- **Visuelle Vorstellungskraft:** Fällt es Ihnen leicht, Sachverhalte in Bilder umzusetzen? Treffen Ihre Skizzen den Kern der Sache? Beherrschen Sie die ausgewogene Kombination von Text und Bild?

TIPP
Überlegen Sie, ob es sinnvoll ist, Hilfe zu holen – vor allem dann, wenn Ihre Ängste irrational erscheinen und sich die Symptome zu verselbstständigen drohen.

Wo liegen meine Schwächen?

Angst beginnt im Kopf. Wir malen uns aus, was passieren könnte. Manche Ängste resultieren aus schlechten Erfahrungen, andere aus fehlendem Selbstvertrauen, wieder andere sind uns selbst unerklärlich. Um sie zu überwinden, müssen wir die Ursachen kennen und – so weit wie möglich – beseitigen. Wer einmal schlechte Erfahrungen mit einer Präsentation gemacht hat, der wird wenig Neigung verspüren, es noch einmal zu versuchen. Aber eine eingehende Analyse zeigt vermutlich, dass Sie Fehler gemacht haben, die vermeidbar gewesen wären, oder die Rahmenbedingungen nicht gestimmt haben. Oder Ihr Lampenfieber hat Sie überwältigt. All das ist in den Griff zu bekommen. Wenn Sie unter Umständen einen launischen Chef haben, die Stelle aber nicht wechseln können, dann haben Sie ein Problem, das sich nicht leicht beheben lässt. Trotzdem hilft es, möglichst sachlich mit den eigenen Ängsten umzugehen.

Schnell oder gründlich?

Kennen Sie die Situation? Ihr Ehepartner oder Kollege erledigt alle Arbeiten sehr schnell. Einerseits bewundern Sie das. Andererseits sind Sie aber über seine Schlampereien und Fehler genervt. Sie verstehen nicht, warum er nicht gründlicher arbeiten kann, er dagegen nicht, warum es Ihnen unmöglich ist, schneller zu sein. Scheinbar arbeitet ihr ganzer Wahrnehmungsapparat einfach unterschiedlich. Trotzdem können wir bis zu einem gewissen Grad mit etwas Mühe Schwächen ausmerzen: Wir können schneller, gründlicher, mutiger oder disziplinierter werden. Unsere Schwächen erfordern eine ausgewogene Mischung aus sachlicher Akzeptanz und Gegensteuerung. Der schlampige Akkordarbeiter zum Beispiel muss wissen, wann er seinen Text lieber von Dritten Korrektur lesen lässt und wann er selbst an sich arbeitet.

Fehlt es Ihnen an etwas?

- **Ausstrahlung:** Messen Sie sich nicht an den Leuten, die von Natur aus alle anderen mit ihrem Witz und Esprit in den Bann ziehen. Setzen Sie lieber auf Ihre fachliche Kompetenz. Aber sorgen Sie dafür, dass diese professionell rüberkommt. Vielleicht hilft zum Beispiel ein Sprechtraining? Je mehr Selbstvertrauen und Engagement Sie für Ihr Thema verspüren, desto besser werden Sie auch selbst beim Publikum ankommen.
- **Disziplin:** Da hilft nur hartes Training. Setzen Sie sich Ziele und investieren Sie Ihren ganzen Ehrgeiz, diese zu erreichen. Belohnen Sie sich für Erfolge.
- **Flexibilität:** Wenn Sie wissen, dass Sie sich nicht leicht auf unvorhergesehene Situationen einstellen können, müssen Sie sich umso besser vorbereiten. Je mehr Sie über Ihr Publikum und die Rahmenbedingungen wissen, desto weniger kann es Sie überraschen. Überlegen Sie, welche Fragen kommen könnten und spielen Sie solche Situationen mit Freunden und Kollegen durch!
- **Künstlerisches Talent:** Vermeiden Sie spontane Zeichnungen! Verlassen Sie sich auf vorbereitete Materialien! Vielleicht kann Ihnen jemand bei der Gestaltung helfen. Wenn sich die Live-Anschrift nicht vermeiden lässt, dann zeichnen Sie die Elemente mit Bleistift vor.

- **Phantasie:** Unterhalten Sie sich mit Freunden und Bekannten! Manchmal entwickeln Menschen, die überhaupt keine Ahnung von der Sache haben, die besten Ideen. Zum Beispiel Ihre Kinder! Aber übernehmen Sie nur Vorschläge, die zu Ihnen passen und nicht aufgesetzt wirken. Phantasie bedeutet aber nicht nur den originellen Gag zum Einstieg, sondern auch gute Beispiele oder unkonventionelle Präsentationsmethoden.
- **Selbstbewusstsein:** Mut wächst mit den positiven Erfahrungen. Verschaffen Sie sich gezielt kleine Erfolgserlebnisse, um Ihr Selbstbewusstsein aufzupäppeln. Machen Sie auch Ihren Freunden und Bekannten klar, dass Ihnen positive Rückmeldungen sehr wichtig sind. Lob wird sonst sehr leicht vernachlässigt.
- **Sprachgefühl:** Gerade Menschen, die sich mit den richtigen Worten schwer tun, versuchen oft, Sachverhalte besonders kompliziert und sorgfältig auszudrücken. Bei einer Präsentation jedoch sollten Sie sich möglichst einfach, kurz und klar ausdrücken. Schreiben Sie Ihren Text vorher auf und sprechen Sie ihn mit jemandem durch, der gut mit Worten umgehen kann! Üben Sie sehr intensiv und lassen Sie, wo immer es geht, Ihre Hilfsmaterialien für sich sprechen.

TIPP

Arbeiten Sie an Ihrem Sprachgefühl. Lesen Sie jeden Tag einige Seiten in einem Buch und schreiben Sie Ihre Gedanken hierzu auf. Mit der Zeit wird sich Ihr Sprachgefühl verbessern.

- **Strukturelles Denken:** Sprechen Sie mit möglichst vielen Personen Ihres Vertrauens über Ihr Thema. Überprüfen Sie Ihre Schlüsse, holen Sie Meinungen ein, lassen Sie sich beim Ordnen der Argumente helfen.
- **Technisches Talent:** Benutzen Sie nur Medien, mit denen Sie sich auskennen! Lassen Sie sich von jemandem helfen, der nicht nur Ahnung hat, sondern auch gut erklären kann. Testen Sie Ihre Geräte, bis Sie alles im Griff haben!

- **Visuelle Vorstellungskraft:** Benutzen Sie gutes, fertiges Material und orientieren Sie sich bei der Erstellung eigener Hilfsmittel an diesen Vorbildern. Überprüfen Sie, ob Ihre Werke wirklich klar und verständlich sind, indem Sie sie anderen zeigen.
- **Wissen:** Am einfachsten lassen sich mangelndes Wissen und fehlende Fertigkeiten beheben – am besten, bevor eine konkrete Präsentation vorbereitet werden muss. Das gilt vor allem für die technischen Hilfsmittel. Der Umgang mit ihnen ist erlernbar – auch Computerpräsentationen sind nicht den Computerspezialisten vorbehalten. Anderseits muss auch das Schreiben auf dem altmodischen Flipchart geübt werden, wenn das Ergebnis ankommen soll.

TIPP

Verleiben Sie sich zu Ihrem Thema alles notwendige Wissen ein. Nur so können Sie gezielt auswählen.

Legen Sie sofort eine Checkliste an, wenn Sie eine Präsentation übernehmen, und halten Sie alles fest, was noch zu tun ist:

- offene inhaltliche Fragen,
- offene Fragen hinsichtlich der Rahmenbedingungen und des Publikums,
- praktische Dinge, die noch zu erledigen sind (zum Beispiel Garderobe),
- technischen Informationsbedarf (zum Beispiel Einweisung in die Bedienung der Videokamera).

So stellen Sie sicher, dass Sie nichts vergessen!

Welche Erfahrungen habe ich?

Vielleicht haben Sie ja schon einmal eine Präsentation gehalten? Versuchen Sie sich möglichst genau zu erinnern, was für positive und negative Erfahrungen Sie dabei gemacht haben. Wenn Sie noch keine Präsentation gehalten haben, dann vielleicht eine Rede oder ein Referat.

TIPP
Lesen Sie einmal Tucholskys Ratschläge für einen schlechten Redner! Das macht Spaß und baut auf.

Worauf haben Sie bei der Vorbereitung geachtet? Darauf,

- viele Informationen zu sammeln,
- die Grundziele herauszuarbeiten,
- schlagende Argumente zu finden,
- einen guten Anfang und einen guten Schluss zu finden,
- anschauliche Beispiele und humorvolle Einlagen zur Auflockerung zu finden,
- fehlende Informationen zu recherchieren,
- Manuskript oder Stichwortzettel vorzubereiten,

- sprechen zu üben,
- nach den Motiven der Zuhörer zu fragen,
- die Technik zu checken,
- mich auf Fragen vorzubereiten,
- den Raum zu prüfen,
- die Kleidung auszuwählen,
- das Auftreten zu üben,
- Lampenfieber zu bekämpfen,
- eine Generalprobe abzuhalten.

Vermutlich haben Sie einige Dinge auf dieser Liste gefunden, denen Sie bisher kaum Beachtung geschenkt haben. Sie gehören aber zu einer gelungenen Vorbereitung dazu. Wo liegen Ihre größten Defizite? Liegen sie

- bei der inhaltlichen Vorbereitung,
- beim Auftreten und Stil,
- auf Seiten der Technik,
- bei der gedanklichen Auseinandersetzung mit dem Publikum,
- oder haben Sie das praktische Üben vernachlässigt?

Fazit

Die Bestandsanalyse hat Ihnen gezeigt, welche Faktoren eine gelungene Präsentation beeinflussen. Sie wissen, welche Stärken Sie dafür mitbringen, haben aber auch herausgefunden, was Ihnen noch fehlt. Sie wissen nun, worauf Sie bauen können und wo Sie noch an sich arbeiten müssen.

Die Ziel-Situation

Das Ziel einer Präsentation scheint auf den ersten Blick klar zu sein. Es geht darum, ein Thema öffentlich darzustellen. Doch das ist längst nicht alles. Jeder der Beteiligten – Referent, Auftraggeber und Publikum – erhofft sich etwas anderes von dem Vortrag. Manche Erwartungen liegen offen zu Tage, andere sind verborgen und vielschichtig. Kommen Sie diesen auf die Schliche, damit Sie sich optimal auf die Situation einstellen können!

Worum geht es eigentlich? – Das Ziel kennen lernen

Eine Präsentation unterscheidet sich von einem Referat dadurch, dass sie auf ein praktisches Ziel gerichtet ist. Wenn Sie zum Beispiel einen neuen Rasenmäher entwickelt haben, können Sie einem befreundeten Ingenieur bei einem Glas Bier von Schwierigkeiten und Tücken der Entwicklungsgeschichte erzählen. Bei der Präsentation des Geräts geht es um etwas anderes: Die Kunden wollen wissen, warum sie gerade diesen Rasenmäher kaufen sollen. Die Chefetage möchte erfahren, wie sie aus der Neuentwicklung möglichst viel Geld machen kann. Sie selbst sind der Auffassung, dass bei Ihren Leistungen der nächste Karrieresprung überfällig ist.

Stellen Sie sich drei Fragen:

- Warum habe ich den Auftrag für diese Präsentation bekommen?

- Was will ich selbst damit erreichen?
- Welches Interesse haben die Teilnehmer?

Wer will was erreichen?

Wenn Sie gebeten werden, eine Präsentation zu halten, dann sollten Sie sich immer fragen, warum Sie diese Aufgabe übernehmen sollen und wem daran gelegen ist, dass Sie sie erledigen. Denn nur, wenn Sie wissen, worum es geht, können Sie zielgerichtet handeln. Spielen Ihre Auftraggeber mit offenen Karten und besprechen mit Ihnen ausführlich Ziel und Zweck der Präsentation, so haben Sie Glück. Doch das ist nicht immer so, was Ihnen folgendes Beispiel zeigen soll:

Ihr direkter Vorgesetzter teilt Ihnen zum Beispiel mit, dass Sie auf dem Architektenkongress das Berlin-Projekt vorstellen sollen. Sie können davon ausgehen, dass diese Idee nicht von ihm selbst stammt, sondern von weiter oben. Ihr Direkt-Chef hat vielleicht kein Interesse an der Sache oder steht dem Unterfangen sogar ablehnend gegenüber, weil er Ihre Arbeitskraft gern für andere Projekte zur Verfügung hätte. Entsprechend karg und wenig hilfreich werden dann seine Antworten ausfallen.

TIPP
Fragen Sie sich vor einer Präsentation immer, welche Absichten alle Beteiligten damit verfolgen. Nur so können Sie versuchen, allen Interessen gerecht zu werden.

Die Entscheidung, dass jemand das kürzlich realisierte Bürohochhaus in Berlin auf dem Kongress vorstellt, wird ganz oben getroffen. »Mit der dort realisierten innovativen Heizungstechnologie können wir ein Zeichen setzen«, findet der Vorstandsvorsitzende. Vielleicht kennt er sogar Kongressteilnehmer, die sich speziell für dieses Thema interessieren. Die Auswahl des Referenten überlässt er Ihrem direkten Vorsitzenden, der findet, dass Sie den besten Gesamtüberblick haben. Leider weist Sie niemand auf die Heizungstechnologie hin. Sie erwäh-

Positionen ausloten

Wer hat das größte Interesse an der Präsentation?

- Der Auftraggeber? Vielleicht bedeutet ein positives Ergebnis der Präsentation eine Expansion des Unternehmens.
- Der Referent? Möglicherweise steigen seine Karrierechancen, wenn die Präsentation gut verläuft.
- Das Publikum? Welche wichtigen Informationen werden uns vermittelt?

nen diese natürlich, aber halten die reibungslose Objektabwicklung und das innovative Design für genauso wichtig. Der oberste Chef spricht hinterher von einem GAU.

An diesem Beispiel wird deutlich, dass Sie versuchen müssen, an den wahren Initiator heranzukommen, um zu erfahren, worum es wirklich geht. Je ausgeprägter die Hierarchie in einem Konzern ist und je mehr Mitentscheider es bei einer Sache gibt, desto mehr können sich Informationen verzerren.

Doch selbst, wenn Sie an die eigentlichen Initiatoren einer Präsentation herankommen, muss dass noch nicht heißen, dass Sie klare Antworten bekommen. Für viele Manager ist es einfach nur wichtig, sich und die Firma in Erinnerung zu rufen. Sie wollen, dass ihre Firma auf dem Kongress vertreten ist. Um die Details dürfen sich ihre Untergebenen kümmern. Aber das bedeutet noch lange nicht, dass die Mächtigen hinterher zufrieden sind. Auch wenn ein Manager einen Vortrag delegiert, hat er bestimmte Vorstellungen davon, wie die Präsentation zu verlaufen hat und welche Inhalte vermittelt werden sollen. Klären Sie solche Erwartungen im Vorfeld ab, um einer späteren Kritik vorzubeugen.

Fallen erkennen

Nehmen wir an, Sie werden völlig unvermutet aufgefordert, vor der Entscheidungsriege der Firma Ihr laufendes Projekt vorzustellen. Ihre Fragen nach dem Zweck der Präsentation werden beiseite gewischt. Es gehe einfach darum, sich über den Stand zu informieren. Sie sind alarmiert, da so etwas nicht üblich ist. Stehen Entscheidungen an? Besteht vielleicht die Chance, weitere Gelder zu bekommen? Oder die Gefahr, dass die ganze Sache dem Rotstift zum Opfer fällt? Oder geht es um Ihre Person? Schließlich geht die Abteilungsleiterin demnächst in Rente. Müssen Sie also die hohen Entwicklungskosten herunterspielen? Die Marktchancen betonen? Vor allem auf das eigene Auftreten achten?

Nicht immer werden Sie in solch heiklen Situationen im Vorfeld die richtige Antwort finden. Vielleicht erhalten Sie über Ihr persönliches Kommunikationsnetzwerk in der Firma einen wertvollen Tipp.

MERKE: **Legen Sie den Initiatoren der Präsentation rechtzeitig einen Zwischenbericht vor, auf welche Inhalte Sie sich konzentrieren wollen und wie Sie das Thema aufzubereiten gedenken. Ihre Chefs können dann einhaken. Tun sie es nicht, können Sie bei etwaigen Anschuldigungen auf den Bericht verweisen.**

Aber selbst, wenn es Ihnen nicht gelingt, die wahren Hintergründe zu erfahren, sind Sie durch Ihr Nachfragen gewarnt, dass es bei dieser Präsentation wohl um ein bisschen mehr geht.

- Bereiten Sie sich besonders sorgfältig vor!
- Zeigen Sie sich in alle Richtungen gewappnet! Bringen Sie zusätzliches Material mit, das Sie bei entsprechenden Nachfragen vorlegen können!
- Beobachten Sie die Reaktionen Ihres Publikums! Reagieren Sie flexibel auf die Situation!
- Stellen Sie Fragen wie zum Beispiel »Besteht Interesse, dass ich Ihnen die Daten noch im Detail zeige? Ansonsten gehe ich zum nächsten Punkt über.«

TIPP
Vergegenwärtigen Sie sich die Situation, in der Ihr Vortrag gehört wird: das heißt, im Vorfeld besonders sensibel auf die Stimmungslage zu achten.

Anerkennung und Erfolg – Die Ziele des Referenten

Fast jeder erzählt gerne von den Dingen, die ihn beschäftigen: von seiner Arbeit, seinen Ideen und Überzeugungen. Gegenüber der interessierten Freundin oder dem neugierigen Kollegen erzählen wir einfach drauflos. Kaum jemand fragt sich vorher, was er damit bezwecken möchte. Bei einer offiziellen Präsentation liegt die Sache anders. Die Zeit ist begrenzt, das Interesse des Publikums möglicherweise auch. Oft steht viel auf dem Spiel.

Also müssen Sie zielgerichtet vorgehen! Dafür aber sollten Sie genau wissen, was Sie erreichen wollen.

Menschen, die einen Auftrag für eine Präsentation übernehmen, neigen leicht dazu, die Ziele ihres Chefs zu den eigenen zu erklären. Die anderen organisieren selbst eine Präsentation, weil Sie das Thema für wichtig oder den Kontakt zum Kunden für lukrativ halten und denken, damit wäre die Frage nach dem Ziel hinreichend geklärt. Doch die wahren Motive sind meist viel komplexer.

Stellen Sie sich zwei Fragen:

- Was will ich für mich persönlich erreichen?
- Was will ich bei meinen Zuhörern bewirken?

Die eigenen Wünsche

1. Beginnen Sie Ihre persönliche Zielanalyse damit, zu überlegen, ob Sie diese Präsentation mehr aus persönlichen Motiven oder mit Blick auf Ihr Publikum halten. Wir alle kümmern uns gerne um das Wohl der anderen und wollen zum Beispiel die Zuhörer vor der Gefahr des Rauchens warnen. Aber versuchen Sie ehrlich zu sich selbst zu sein. Gestehen Sie sich ein, wenn es Ihnen mehr darauf ankommt, vor gewissen Leuten eine gute Figur zu machen, als Experte anerkannt zu werden oder sich einfach selbst zu beweisen, dass Sie öffentlich reden können.
2. Geben Sie sich Rechenschaft, ob Sie diese Präsentation freiwillig und gerne halten. Warum haben Sie Ja gesagt?
   - Weil Sie es selbst so wollten?
   - Weil es Ihnen konkreten Nutzen bringt?
   - Weil Sie es aus Sachgründen für notwendig hielten?
   - Um jemandem einen Gefallen zu tun?
   - Gezwungenermaßen?

3. Was möchten Sie mit der Präsentation erreichen? Versuchen Sie ein möglichst vollständiges Bild Ihrer Wünsche zu erstellen und diese konkret zu formulieren! Hier einige Beispielsformulierungen.

    - »Ich will die Stelle im Vertrieb und sehe diese Präsentation als gute Chance, meinen Namen bei den richtigen Leuten ins Spiel zu bringen.«

    - »Ich will einfach nicht, dass Kollege X diesen Vortrag hält. Der würde wieder so tun, als wäre der Erfolg der Arbeitsgruppe allein sein Verdienst.«

    - »Ich möchte, dass die Chefin endlich ihre zögerliche Haltung gegenüber der Membrantechnologie aufgibt.«

    - »Diese Vertriebs-Fuzzis sollen ruhig mal sehen, dass auch wir Techniker was in der Birne haben.«

MERKE: Nicht verdrängen! Manche – allzumenschlichen – Motive sind uns vielleicht peinlich. Aber Verdrängen hilft nichts. Solche Wünsche schleichen sich durch die Hintertür wieder ein und beanspruchen oft störend ihren Platz. Geben Sie zum Beispiel lieber zu, wenn Sie eigentlich lieber bei der attraktiven Marketingleiterin des Kunden ankommen wollen. Sie werden also die beste Präsentation Ihres Lebens halten. Dabei agieren Sie nicht nur mit harten Zahlen, obwohl Ihr Chef das gerne hätte. Denn Sie glauben, dass diese Frau es zu schätzen weiß, wenn man auch die psychologische Seite berücksichtigt. Wenn Sie sie überzeugen, nutzt das am Ende sowohl der Firma als auch Ihnen. Und natürlich werden Sie die Frau ausgiebig und freundlich anlächeln, anstatt verschämte Blicke zu werfen.

- »Das Projekt ist in einer schwierigen Phase. Da muss man gut überlegen, was man öffentlich sagt und was nicht. Ich glaube, die anderen unterschätzen diese Gefahr. Ich dagegen möchte sie einmal deutlich machen.«
- »Wenn wir als Verein was bewirken wollen, dann müssen wir unsere Ziele professionell in der Öffentlichkeit vertreten.«
- »Dienstreise nach Warnemünde, Luxushotel, Auftritt vor den Koryphäen der Zunft! Diese Chance lasse ich mir doch nicht entgehen.«

Wie sollen die Zuhörer reagieren?

Viele Ihrer Wünsche an eine gelungene Präsentation werden sich an Ihr Publikum richten. Ihre Zuhörer sollen Ihnen zum Beispiel den Gemüsehobel abkaufen, für Ihren Verein spenden, das neue Gleitzeitmodell mitmachen oder in Zukunft öfters zur ärztlichen Vorsorge gehen.

Wollen Sie

- Ihre Zuhörer zu einer konkreten Tat bewegen? Soll zum Beispiel ein Vertrag zustande kommen?
- Unterstützung für Ihr Anliegen finden? Brauchen Sie zum Beispiel Spenden für die Renovierung der Freiwilligen Feuerwehr an Ihrem Ort?
- Bewusstsein für ein Problem schaffen? Wollen Sie zum Beispiel die Menschen für die Gefahren der Gentechnologie sensibler machen?
- Ihrem Publikum etwas beibringen? Sollen alle Mitarbeiter zum Beispiel erfahren, welche Möglichkeiten die neue Telefonanlage bietet?

- aus neutraler Sicht Informationen geben? Stellen Sie zum Beispiel die Ergebnisse der Crashtests vor, damit die Zuständigen bei der Auswahl der neuen Firmenwagen diesen Punkt berücksichtigen können?
- einen Diskussionsprozess anstoßen? Gibt es zum Beispiel ein Mobbing-Problem in Ihrer Firma, auf das Sie aufmerksam machen und gegen das Sie endlich vorgehen wollen?

Neben Ihrem Anliegen sind aber auch Ihre Erwartungen an den Verlauf der Präsentation wichtig.

TIPP

Machen Sie sich bereits in der Vorbereitung der Präsentation klar, was Sie mit dem Vortrag erreichen möchten und wie die Zuhörer reagieren sollen.

Wünschen Sie sich

- deutliche Anerkennung?
- ein Feedback, wie der Vortrag angekommen ist?
- eine lebhafte Diskussion und viele Fragen?
- möglichst keine Fragen, sondern schweigende Akzeptanz?

  Welche Reaktionen würden Sie enttäuschen?

MERKE: Formulieren Sie Ihr Hauptanliegen konkret! Sagen Sie zum Beispiel nicht nur: »Ich will über die Gefahren der Globalisierung informieren.« Sondern formulieren Sie: »Ich will, dass meine Zuhörer hinterher die fünf größten Gefahren der Globalisierung kennen.« Oder: »Ich möchte, dass mein Publikum hinterher beim Einkauf zumindest ab und zu bewusst regionale Produkte einkauft.«

Neugier und Vorbehalte – Die Erwartungen der Zuhörer

Die Wünsche, die Sie an Ihr Publikum haben, und diejenigen, die die Teilnehmer an Sie haben, müssen nicht übereinstimmen. Sie können mit allem Elan versuchen, Ihre Anliegen in der Präsentation zu verwirklichen: Wenn Sie nicht die Erwartungen Ihres Publikums treffen, werden Sie Ihre Zielvorstellungen nicht erreichen. Sehen Sie deshalb Ihre Präsentation mit den Augen Ihrer Zuhörer!

Die Gegenseite kennen lernen

Sie möchten mit Ihrer Präsentation zum Beispiel ein neues Produkt Ihrer Firma verkaufen. Der Kunde ist gekommen, weil er genau dieses braucht. Soweit decken sich die Ziele beider Seiten. Doch Sie möchten einen hohen Preis erzielen, der Kunde aber für wenig Geld möglichst viel Qualität bekommen. Hier fangen die Differenzen an. Um den möglichen Geschäftspartner zu überzeugen, müssen Sie ihm klar machen, dass Ihre Maschine genau das Richtige für seine Bedürfnisse ist.

TIPP

Scheuen Sie sich nicht, direkt nach den Wünschen des Kunden zu fragen. Ein Anruf im Sekretariat kann oft sehr aufschlussreich sein.

Eine übertriebene Hervorhebung der Qualität des Produktionserzeugnisses wird einen Unternehmer, dem das Erzeugnis in einfacher Form ausreicht, eher abschrecken. Vielleicht würde er sich jedoch überzeugen lassen, wenn Sie ihm erklären, dass die neue Technologie in ein paar Jahren das Maß der Dinge sein wird. Machen Sie ihm klar, dass die Investition in diese Maschine günstiger ist, als wenn man in einigen Jahren zwangsläufig umrüsten muss.

MERKE: Je besser Sie sich in Ihre Zuhörer hineinversetzen können, desto leichter wird es Ihnen fallen, Ihre Präsentation Ihrem Publikum anzupassen.

Dissonanzen vermeiden

Hinter dem Begriff »kognitive Dissonanz« versteckt sich die Erkenntnis, dass sich kein Mensch gern in seinen Ansichten stören lässt. Erzählt man ihm etwas, was nicht im Einklang zu seinem bisherigen Weltbild steht (= Dissonanz), wird er sein Möglichstes tun, diese Störmeldung zu verdrängen. Dagegen wird er allem Aufmerksamkeit schenken, was zu seinen Vorstellungen passt. Wenn jemand einer Sache misstrauisch gegenübersteht, dann ist er für Warnungen empfänglich und empfindet Entwarnungen schnell als Schönrederei.

Die Konsequenz liegt auf der Hand: Je besser eine Information in den Vorstellungsrahmen der Zuhörer passt, desto eher wird sie akzeptiert. Nicht immer kommt Ihr Publikum freiwillig und aus Interesse an der Sache. Wenn Sie zum Beispiel eine Klasse Sechzehnjähriger über die Gefahren des Alkohols aufklären sollen, weil deren Lehrer das pädagogisch für sinnvoll hält, dann können Sie davon ausgehen, dass ein Großteil Ihrer Zuhörer dem Anliegen ablehnend gegenübersteht. Wollen Sie nun eine Chance auf Erfolg haben, dann müssen Sie zum einen die Haltung Ihres Publikums – den Spaß, der mit dem Konsum von Alkohol verbunden ist – ernst nehmen und das auch signalisieren. Zum anderen müssen Sie in Ihrer Argumentation an die Lebenswelt Ihrer Zuhörer anknüpfen.

Fazit

Eine Präsentation soll nicht schön oder gut sein, sondern wirken. Wird das angestrebte Ergebnis verfehlt, nützt es Ihnen nichts, wenn Sie Ihren Vortrag künstlerisch hervorragen aufbereitet haben. Deshalb müssen Sie die Erwartungen Ihres Publikums und auch Ihre eigenen Anliegen möglichst genau kennen. Sparen Sie, wenn Sie unter Zeitdruck sind, lieber an einer aufwändigen Ausarbeitung als an der Zielanalyse.

Checklisten erleichtern das Timing

Eine Präsentation ist eine sehr komplexe Aufgabe. Bei der Vorbereitung geraten leicht Dinge in Vergessenheit. Machen Sie sich deshalb Checklisten. Das garantiert Ihnen, dass Sie nichts vergessen und den Zeitplan einhalten.

- Die individuelle Form gestaltet sich nach Ihren Bedürfnissen und Vorlieben. Aus der Liste oder den Listen sollte hervorgehen, welche Aufgaben erledigt werden müssen – bis hin zum Kauf von Einladungskarten.
- Die meisten Dinge werden Sie selbst erledigen. Manches können Sie aber sicher delegieren, anderes wird von »höherer Stelle« entschieden. Für die Technik brauchen Sie vielleicht Unterstützung. Notieren Sie, wer wofür verantwortlich ist.
- Notieren Sie zu jedem Punkt einen Termin! Unterscheiden Sie zwischen angestrebten Zeitpunkten und Fixterminen, die Sie unbedingt einhalten müssen. Heben Sie Letztere besonders hervor.
- Halten Sie alles fest, was es zu beachten gilt.

Was?	Wer?	Bis wann?	Zu beachten:
Publikum			
Auswahl			
Einladung			
Analyse			
Raum			

Das gehört auf die Listen:

- **Inhaltliche Arbeit:** Welchen Zeitrahmen habe ich für Ist- und Zielanalyse, Themenaufbereitung, Visualisierungen, Stichwortkarten und Proben? Habe ich das nötige Material, zum Beispiel Karten oder Folien?
- **Recherche:** Welche Informationen fehlen? Woher bekomme ich sie? Bis wann müssen sie eingeholt sein?
- **Training:** Was muss ich noch üben? Verständlich sprechen? Deutlich schreiben? Mit der Technik umgehen?

TIPP
Machen Sie keine Mammutliste, sondern unterteilen Sie sinnvoll. Vielleicht in eine zur inhaltlichen Vorbereitung, eine zur technischen und eine zur organisatorischen.

- **Technik:** Welche Geräte brauche ich? Woher bekomme ich Sie? Wann können Sie getestet werden? Bis wann müssen Sie beschafft sein? Welche Ersatzteile sollte ich bereithalten?
- **Publikum:** Wer wählt die Zuhörer aus? Bis wann muss das geschehen? Wie soll eingeladen werden? Wer kümmert sich darum? Bis wann? Wie erfahre ich mehr über meine Zuhörer?
- **Absprachen:** Welche Dinge muss ich mit dem Veranstalter, den Kunden, meinen Chefs oder Partnern besprechen? Wann?
- **Raum:** Wer wählt den Raum aus? Wer legt die Kriterien fest? Bis wann muss die Reservierung erfolgt sein?
- **Ausstattung:** Was ist vorhanden? Was muss noch beschafft werden? Muss die Sitzordnung geändert werden?
- **Verpflegung:** Was wird angeboten? Wer kümmert sich darum? Wer räumt schmutziges Geschirr und Reste weg?
- **Outfit:** Was brauche ich an Kleidung, Schuhen, Kosmetik? Sind die Sachen in Ordnung? Was fehlt? Muss ich noch zum Friseur?
- **Anreise:** Wie komme ich zur Präsentation? Welchen zeitlichen Puffer muss ich einplanen? Welche Dinge müssen transportiert werden? Brauche ich Hotelzimmer, Fahrkarten etc.?

Es wird konkret – Die optimale Vorbereitung

Wer einmal in einem völlig ungeeigneten Saal gestanden oder sein Publikum ganz falsch eingeschätzt hat, der weiß, dass sich die Vorbereitung einer Präsentation nicht auf das Inhaltliche und auf die Überprüfung der Technik beschränkt. Eine Präsentation ist eine sehr komplexe Aufgabe. Behalten Sie von Anfang an alles im Blick.

Die Verwandtschaft

Nicht jede öffentliche Rede, die von Flipchart oder Computer-Projektion unterstützt wird, ist eine Präsentation. Deshalb sollten Sie einen kurzen Blick auf verwandte Formen werfen. Vieles, was für eine Präsentation gilt, ist auch für sie richtig – aber es gibt entscheidende Unterschiede, die man nicht übersehen darf.

Präsentation im Team

Große Firmenpräsentationen sind oft ein Event, bei dem mehrere Redner zum Einsatz kommen. Doch auch in kleinerem Rahmen kann es zweckmäßig sein, zu zweit oder gar dritt zu präsentieren. Beispielsweise wenn die Zeit nicht reicht, dass der Referent sich in das ganze Themengebiet einarbeitet. Oder wenn zwei Experten unterschiedliche Seiten des Themas beleuchten. Oft ist es auch eine Prestigesache. Kein Mitarbeiter soll den anderen, die genauso viel Anteil an dem Projekt haben, vorgezogen werden.

Vielleicht denken Sie sogar, dass es gut ist, eine Präsentation nicht alleine vorbereiten zu müssen. Meist ist eine Präsentation zu zweit aber bedeutend aufwändiger. Die Gefahr ist groß, das Publikum mit Anweisungen an den Co-Redner zu langweilen. Die Zuhörer können auch gut darauf verzichten, einen Sachverhalt von beiden Rednern erläutert zu bekommen. Die Übergänge zwischen den Rednern sollten gar nicht so auffallen, sondern einfach »unmerklich« geschehen.

TIPP
Bei einer Präsentation sind Sie für das Ganze wie auch für seine Teile gleichermaßen verantwortlich!

Eine gemeinsame Präsentation muss deshalb besonders gut abgestimmt sein. Bereiten Sie sich umso besser vor und beginnen Sie frühzeitig. Jeder Referent sollte das volle Material seiner Kollegen in Wort und Bild kennen, um Wiederholungen zu vermeiden. Außerdem ist eine intensive gemeinsame Probe wichtig.

Für die Aufteilung gibt es mehrere Möglichkeiten:

- Redner A übernimmt den ersten Teil, Redner B den zweiten. Dabei sollte er aber an die Ausführungen seines Vorredners anknüpfen, sonst wären zwei getrennte Präsentationen sinnvoller.
- Redner A und Redner B teilen sich den Medieneinsatz. A führt durch die Computerpräsentation, während B die Konsequenzen, die sich aus diesen Sachverhalten ergeben, am Flipchart darstellt.
- Der rhetorisch gewandte Redner übernimmt Einleitung, Schluss und die Moderation der Publikumsfragen, der etwas zurückhaltende Redner den Sachteil.

Nicht so glücklich ist es, wenn einer präsentiert, der andere nur die Technik bedient. Erstens wird der Techniker in den Augen des Publikums zur Hilfskraft. Zweitens müssen Wort und Bild absolut synchron kommen. Klaffen da Lücken und fangen die beiden Redner gar noch an, zu debattieren, wer was tun muss, um den Fehler in den Griff zu bekommen, ist die Präsentation für das Publikum längst gelaufen.

MERKE: Versuchen Sie lieber nicht, Ihr Publikum mit einstudierten Dialogen und witzig gemeinten Überleitungen aufzuheitern. Wenn Sie kein schauspielerisches Talent haben, wirkt das eher verkrampft. Die Gefahr ist sehr groß, dass Sie mit »Äh, ja ...« einsteigen, wenn Sie sich gerade noch auf das Stichwort Ihres Kollegen konzentriert haben.

Das Referat

Während eine Präsentation auf ein Ziel ausgerichtet ist, dient ein Referat der Darstellung eines Sachverhalts. Die Übergänge können natürlich fließend sein. Wenn Ihr Chef Sie zum Beispiel auffordert, ein Referat über Ihr laufendes Projekt zu halten, dann hat er natürlich auch das Ziel, sich zu informieren, um eine Basis für weitere Entscheidungen zu haben. Und Sie werden Ihr Projekt möglichst gut darstellen wollen und auch selbst einen positiven Eindruck abgeben.

TIPP

Rechnen Sie nicht damit, dass Ihre Auftraggeber die Begriffe Referat und Präsentation korrekt verwenden. Fragen Sie nach, was wirklich von Ihnen erwartet wird.

Im Gegensatz zu einer Präsentation werden Sie bei einem Referat jedoch einen Überblick über Ihr gesamtes Projekt geben. Sie werden zum Beispiel erzählen, welche Probleme es mit der Software gab und wie Sie diese gelöst haben. Bei einer Präsentation stellen Sie das Endergebnis vor. Sie zeigen, wie gut die Software ist und was sie alles kann.

Während manche Präsentationen eine hoch emotionale Sache sind, wird beim Referat eher die Sachebene im Vordergrund stehen. Auch die Rolle des Referenten ist im Allgemeinen neutraler, denn es geht ja »nur« darum, das Publikum zu informieren. Trotzdem gelten für ein gutes Referat die gleichen Regeln wie für eine gelungene Präsentation und Sie tun gut daran, ebenfalls die ganze Bandbreite hilfreicher Medien zu verwenden.

Die Gruppenarbeit

Gruppenarbeit dient dazu, gemeinsam Lösungen zu finden, Ideen zu entwickeln oder einen Plan für zukünftiges Vorgehen festzulegen. Sie bietet sich meistens dann an, wenn der Sachverhalt bekannt ist, die Konsequenzen aber noch offen sind. Damit Gruppenarbeit effektiv ist, braucht sie – wie eine Präsentation – einen gut vorbereiteten Leiter. Er muss analysieren, welches Ziel erreicht werden soll, welche Probleme entstehen können und auf welchem Weg die besten Ergebnisse erreicht werden. Er hat sich über die Teilnehmer zu informieren, eine Arbeitsmethode zu entwickeln und für die nötigen Hilfsmittel zu sorgen. Gerade Flipchart und Pinwand sind fast unentbehrlich, um Ideen und Meinungsäußerungen aus der Gruppe sichtbar zu machen und zu strukturieren. Während der Gruppenarbeit gibt der Leiter den Takt vor, sorgt dafür, dass alle beim Thema bleiben und Zeitlimits eingehalten werden.

TIPP

Mit einer kurzen Gruppenarbeit können Sie Ihr Publikum bei einer Präsentation aktivieren. Lassen Sie Ihre Zuhörer zum Beispiel gefährliche Situationen aus dem Alltag aufzählen, bevor Sie Ihren Vortrag zum betrieblichen Unfallschutz beginnen.

Wenn die Ergebnisse der Arbeit für Außenstehende von Interesse sind, werden sie anschließend oft auf einer Präsentation vorgestellt. Der Leiter darf jedoch nur vortragen, was Konsens der Gruppe ist.

MERKE: Der Weg ist das Ziel! Auch bei einer Fallstudie steht wie bei einem Referat nicht das Endergebnis, sondern ganz im Gegenteil der Verlauf im Mittelpunkt. Durch die schrittweise Entwicklung des Falls bekommt der Vortrag eine ganz eigene Dynamik, auf die Sie unbedingt setzen sollten. Wenn Sie Ihre Phantasie spielen lassen und alle medialen Register ziehen, werden Ihre Zuhörer den Vortrag spannend finden.

Brainstorming

Brainstorming ist eine spezielle Form der Gruppenarbeit, die dazu dient, Ideen zu sammeln. Sie eignet sich vor allem ganz am Anfang eines Prozesses oder bei sehr kreativen Aufgaben, wie der Suche nach einem Namen. Alle Beteiligten nennen Ihre Assoziationen oder Ideen. Ein Leiter hält diese schriftlich – und für alle sichtbar – am Flipchart oder auf der Pinwand fest. Beim Brainstorming gibt es keine falschen Antworten. Alles wird notiert und – vorerst – nichts diskutiert. In einem zweiten Schritt folgt eine Gruppenarbeit, die diese Ergebnisse strukturiert.

In manchen Fällen ist es sinnvoll, sich für die Leitung einer Gruppenarbeit einen neutralen Moderator zu holen. Das gilt vor allem dann, wenn Konflikte drohen oder bereits vorhanden sind. Thema und Inhalte stammen von den Auftraggebern. Der Moderator informiert sich über die Ziele seiner »Klienten« und schlägt einen Verfahrensweg vor. Während der Arbeit agiert er ähnlich wie ein Gruppenleiter absolut neutral und immer im Interesse seiner Auftraggeber. Das gilt auch, wenn der Moderator aus der Gruppe heraus bestimmt wird. Auch hier spielen technische Hilfsmittel eine große Rolle, um Meinungen zu sammeln, sichtbar zu machen und zu strukturieren.

TIPP

Ergebnisse, die schriftlich festgehalten werden, signalisieren Erfolg.

Wer hört zu? – Das Publikum

Viele Redner haben Angst vor der unbekannten Größe, die ihr Publikum darstellt. Sie fürchten sich vor Reaktionen, auf die sie nicht vorbereitet sind. Diese müssen nicht unbedingt feindselig sein. Auch unvermutete Fragen können den Redner aus dem Konzept bringen. Schon die Zielanalyse hat gezeigt: Informationen über Ihr künftiges Publikum einzuholen, gehört zu den wichtigsten Vorbereitungen einer Präsentation.

Die Einladung steuern

Im Idealfall haben Sie es selbst in der Hand, zu bestimmen, wer an Ihrer Präsentation teilnimmt. In erster Linie werden Sie natürlich die Entscheidungsträger einladen. Doch auch Personen, die auf den ersten Blick weniger wichtig erscheinen, können Ihr Publikum bereichern:

- Menschen, von denen Sie wissen, dass sie am Thema interessiert sind;
- Gute Freunde, die Ihnen Feedback geben und deren Anwesenheit beruhigend auf Sie wirkt;
- Experten, die in einer Diskussion wichtige Details beisteuern und Ihrer Position mehr Gewicht verleihen können;

TIPP
Präsentieren Sie doch mal Ihrer Familie die Urlaubspläne mit allen technischen Schikanen! Ihren Kindern bleibt garantiert die Spucke weg.

- das Team, das dieses Projekt mit Ihnen erarbeitet hat;
- Ihre Eltern oder Kinder, die stolz auf sie sein wollen.

Wenn das Publikum von Dritten ausgewählt wird, zum Beispiel von Ihrem Chef, sollten Sie sich frühzeitig über diesen Personenkreis informieren. Fehlt jemand, den Sie gerne dabei haben möchten? Haben Sie Vorbehalte gegen einen Teilnehmer? Besprechen Sie Ihre Wünsche und Bedenken mit Ihrem Vorgesetzten.

Selbst bei einem öffentlichen Vortrag, zu dem jeder kommen kann, können Sie Einfluss nehmen und vorab Informationen erhalten:

- Machen Sie persönlich Werbung! Laden Sie Freunde und interessierte Bekannte ein. Dann ist Ihnen zumindest ein Teil der Zuhörer vertraut.
- Erkundigen Sie sich bei Leuten, die schon ähnliche Vorträge gehalten haben, mit welchem Publikum zu rechnen ist.

Worauf ist zu achten?

Bei der Analyse Ihres Publikums sollten Sie sich folgende Fragen beantworten:

- **Wer hat etwas zu sagen?**

Manche Firmen schicken Unterhändler, die kaum Entscheidungsspielraum haben. Bei anderen ist der Chef persönlich anwesend, doch er wird die Entscheidung vom fachlichen Votum anderer abhängig machen, die während der Präsentation unauffällig in seinem Windschatten geblieben sind. In anderen Gruppen gibt es Meinungsführer, deren Wort besonders viel zählt.

- **Welche Vorbehalte gibt es?**

Die Zuhörer können sowohl Ihnen wie auch Ihrem Thema aufgeschlossen, neutral oder skeptisch bis feindselig gegenüberstehen. Versuchen Sie herauszubekommen, mit welchen Vorbehalten Sie rechnen müssen, damit sie sich darauf vorbereiten können. Wenn Sie zum Beispiel auf Einladung einer Bürgerinitiative die Vorteile von Tempo-30-Zonen in Wohngebieten darstellen, dann müssen Sie darauf gefasst sein, dass auch Gegner kommen.

- **Welchen Kenntnisstand haben Ihre Zuhörer?**

Vor einem Fachpublikum werden Sie anders sprechen als vor Laien. Sie müssen Ihre Zuhörer dort abholen, wo Sie stehen. Wenn Sie Ihr Publikum überfordern, wird es ärgerlich werden und abschalten. Schwierig ist es natürlich, wenn die Teilnehmer über einen unterschiedlichen Kenntnisstand verfügen. Erzählen Sie, warum Sie manche Dinge ausführlicher erklären, ohne diejenigen, die weniger wissen, zu verletzen. Wenn Sie nicht sicher sind, ob Sie verstanden werden, fragen Sie nach, ob Sie noch etwas erklären sollen.

TIPP
Eine Präsentation, die für das eine Publikum ansprechend ist, passt noch lange nicht für andere Zuhörer. Stimmen Sie Ihre Präsentation auf das Publikum ab.

- **Gibt es Konflikte innerhalb des Publikums?**

Wenn Sie öffentlich über Reizthemen wie zum Beispiel Atomkraft oder Tempolimits sprechen, dann können Sie damit rechnen, dass leidenschaftliche Gegner und Befürworter im Publikum sein werden. Doch es gibt auch Konflikte, die weniger leicht zu erkennen sind.

Die praktischen Dinge

Wie viele Menschen werden erwartet? Passt die Raumgröße? Muss ich mit Mikrofon sprechen? Können die Hilfsmittel von allen gelesen werden? Wie viele Getränke und Snacks müssen wir bereithalten? Spricht jemand schlecht oder gar nicht Deutsch?

Die Zuhörer gewinnen

Ein guter Präsentator ist wie ein Reiseleiter, der sein Publikum zu neuen, spannenden Zielen führt. Ginge es nur um die reine Wissensvermittlung, dann könnten Ihre Zuhörer die Fakten auch in einem Buch oder Zeitschriftenartikel nachlesen. Doch nicht einmal der beste Artikel ist so einprägsam wie eine halbwegs gelungene Präsentation. Den Unterschied macht der Referent. Er bringt Leben in die Sache. Er hat es in der Hand, seinem Publikum die Begeisterung für die Materie, das Vertrauen in die Fakten und den Impuls zum Handeln zu vermitteln.

Das gilt auch, wenn Sie beispielsweise nur über die Entwicklung der Überstunden in Ihrer Abteilung referieren. Würden Sie die Daten einfach in den Umlauf geben, würden Ihre meisten Kollegen das Papier wohl mit einem Achselzucken zur Seite legen. Allein die Tatsache, dass Sie ein Thema zum Gegenstand einer Präsentation machen, hebt seinen Wert. In der direkten Auseinandersetzung teilen Sie nicht nur die nackten Zahlen, sondern auch Ihre Zufriedenheit, beziehungsweise Unzufriedenheit mit der Entwicklung mit. Selbst wenn Sie betont nüchtern und sachlich berichten, wird das Emotionen auslösen. Die einen halten das Thema, das Sie so leidenschaftslos vortragen, für unwichtig und schalten ab. Die anderen reagieren vielleicht mit Empörung auf Ihre scheinbare Gleichgültigkeit.

So gewinnen Sie Ihre Zuhörer für sich

- Erzählen Sie nicht nur, wie Sie heißen, sondern auch mit welchen Motiven Sie reden. »Zusammen mit drei Kollegen habe ich das Produkt entwickelt.« oder »Vor zehn Jahren hatte meine Tochter einen Unfall auf dem Schulweg. Damals begann ich, mich mit dem Thema Verkehrssicherheit von Kindern zu beschäftigen. Inzwischen ist das zur Lebensaufgabe geworden.«

- Wenden Sie sich in der Haltung Ihrem Publikum zu. Suchen Sie Blickkontakt nicht nur mit den Honoratioren in den ersten Reihen, sondern überall im Saal.
- Streichen Sie das Verbindende heraus! »Wir alle ...«
- Sprechen Sie eine Sprache, die Ihre Zuhörer verstehen. Das bedeutet nicht, dass Sie den Wissenschaftler vor Laien ganz verbergen müssen. Schließlich sind sie als Experte eingeladen worden. Es muss nur alles, was Sie sagen, problemlos verständlich sein.

TIPP
Vermeiden Sie jede Anbiederung. Nichts ist beispielsweise peinlicher als der Hanseat, der meint, in Riesa Witze auf sächsisch machen zu müssen.

- Argumentieren Sie, wo immer es geht, mit dem Nutzen für Ihre Zuhörer. Appellieren Sie an ihre Ideale, ihre Neugier, ihr materielles Streben, ihr Sicherheitsbedürfnis, ihren Wunsch nach Komfort, ihren Stolz, ihr Gesundheitsbewusstsein, ihre soziale Verantwortung, ihr Herz oder ihren Spieltrieb.
- Lassen Sie Ihre Zuhörer Ihre Gedanken und Lösungswege miterleben. »Am Anfang hatten wir folgendes Problem ...«
- Reagieren Sie auf Ihr Publikum. »Da wir bereits in Zeitverzug sind und auch mich das Buffet im Nebenraum lockt, präsentiere ich Ihnen jetzt einen Schnelldurchgang. Alle weiteren Fragen dürfen Sie dann gerne bei Krabbenbrötchen und Salat stellen.«

Hören Sie mit den Ohren Ihres Publikums

Gewinnen Sie Ihre Zuhörer für sich, indem Sie ihre Gefühle ansprechen und auch sich selbst in die Präsentation einbringen. Versuchen Sie die Sprache Ihres Publikums zu sprechen.

MERKE: Nicht nur Ihr Thema, sondern auch Sie und Ihre Haltung sollen beim Publikum ankommen!

Die Örtlichkeiten

Natürlich werden Sie einen Blick in den Saal werfen, in dem Sie Ihre Präsentation halten. Wenn Sie keine unangenehmen Überraschungen erleben wollen, sollten Sie nicht nur die Größe des Saals überprüfen, sondern auch an Stühle, Tageslichtprojektor, Leinwand und Verdunkelungsmöglichkeiten denken.

Die Raumgröße

Ein zu kleiner Saal wirkt sich negativ auf eine Präsentation aus. Aber auch in einem zu großen Raum, der nur spärlich gefüllt ist, kann der wichtige Kontakt zwischen Referent und Publikum kaum entstehen. Versuchen Sie also bereits im Vorfeld, die Größe Ihres Publikums möglichst exakt abzuschätzen und suchen Sie gegebenenfalls nach einem anderen Raum, wenn es Probleme geben könnte. Wenn wirklich nur ein kleiner Saal zur Verfügung steht, müssen Sie auch Ihr Publikum reduzieren und nur die wichtigsten Leute einladen. Als Alternative können Sie die Präsentation wiederholen. Wenn Ihre Adressaten aufgrund eines völlig überfüllten Raums die Information nur mit Mühe aufnehmen können, ist es besser, nach Ausweichmöglichkeiten zu suchen. Schon eine geringe Überfüllung eines Raums führt zu Unkonzentriertheit, Müdigkeit, Unruhe und Gereiztheit beim Publikum.

TIPP

Versuchen Sie in einem zu großen Saal den ungenutzten hinteren Teil optisch abzutrennen, zum Beispiel durch Plakatwände.

Wenn der Saal zu groß ist, sich aber keine Alternative finden lässt, dann sorgen Sie dafür, dass die Bestuhlung in etwa der Anzahl der zu erwartenden Hörer entspricht und in angemessener Nähe zur Rednerbühne steht. Lassen Sie den Rest entfernen, da Sie sonst riskieren, dass Ihre Zuhörer sich auf die hintersten Plätze setzen. Aufforderungen nach vorne zu kommen, kosten wertvolle Zeit und wirken meistens nicht. Außerdem haben Sie dann schon ein Problem, bevor der Vortrag überhaupt begonnen hat.

Die Möblierung

Die wichtigste Frage bei der Möblierung eines Präsentationsraums ist natürlich, ob genügend Stühle für die Zuhörer vorhanden sind?

- Hat jeder Zuhörer von seinem Platz aus einen guten Blick auf Leinwand, Flipchart und die anderen Hilfsmittel? Wie ist die Akustik an den verschiedenen Plätzen?
- Wie soll Ihr Präsentationsbereich aussehen? Möchten Sie mit oder ohne Pult reden? Wo stehen die Hilfsmittel? Wie viel Platz brauchen Sie, um sich frei bewegen zu können? Welcher Abstand zum Publikum ist Ihnen angenehm? Wollen Sie mit Ihrem Publikum auf einer Höhe sein oder lieber erhöht auf einer Bühne oder einem Podest stehen?

TIPP
Stellen Sie im Konferenzraum der Firma doch einmal Tische und Stühle um! Das bricht die übliche Routine und verschafft Ihnen von Anfang an die Aufmerksamkeit der Kollegen.

Die Raumtechnik

Vielleicht denken Sie beim Stichwort »Technik« lediglich an Ihre technischen Hilfsmittel. Bei einem Check der benutzten Medien sollten Sie auch die Raumtechnik in Ihre Vorbereitungen mit einbeziehen:

- **Licht:** Wo sind die Schalter für welche Leuchten? Welche Lichtverhältnisse sind während des Vortrags optimal?
- **Elektrizität:** Wo finde ich im Notfall eine Ersatzsteckdose? Wo schließe ich die mitgebrachten Geräte am besten an? Gibt es Kabel, die unschön durch den Raum verlaufen oder sogar zur Stolperfalle werden könnten? Kann ich etwas umstecken? Muss ich Kabel festkleben?
- **Verdunkelung:** Wie funktioniert die Verdunkelung? Wie lange dauert es, die Vorhänge zuzuziehen oder die Rollläden herunterzulassen? Reichen die Möglichkeiten für meine Bedürfnisse und Ansprüche?

- **Heizung:** Welche Temperatur hat der Raum normalerweise? Wie ist die Heizung eingestellt? Kann ich Sie bei Bedarf regeln?
- **Lüftung:** Gibt es eine Klimaanlage? Wie funktioniert sie? Stört ihr Geräusch? Kann ich die Fenster öffnen? Wie lüfte ich im Bedarfsfall möglichst schnell und effektiv?

Die Raumatmosphäre

Im Gegensatz zu sichtbaren Dingen wie Technik und Ausstattung wird Unsichtbares wie Geräusche und Gerüche oft vergessen – solange sie sich nicht störend bemerkbar machen. Notieren Sie diese Fragen also besonders sorgfältig auf Ihrer Checkliste!

- **Akustik:** Testen Sie bereits vor der Auswahl eines Raums die Akustik! Müssen Sie mit Mikrofon sprechen oder trägt Ihre Stimme auch bis in die hinteren Reihen? Auslegeware auf dem Boden ist die beste Garantie, dass es keinen unangenehmen Hall gibt. Platzieren Sie einen Freund oder Kollegen in den verschiedensten Ecken des Raums, um den Ton zu checken. Nehmen Sie auch selbst die Position Ihrer Zuhörer ein. Dabei sollten Sie bedenken, dass die Verständlichkeit in einem vollen Raum noch einmal abnimmt. Üben Sie mit der Mikrofonanlage und lassen Sie diese auf Ihre Verhältnisse einstellen!

TIPP
Die Temperatur, die die Teilnehmer beim Hereinkommen als zu kühl empfinden, ist ihnen nach einer Stunde oft zu warm.

- **Lärm:** Je weniger Außenlärm Ihren Vortrag stört, desto besser natürlich. Doch nicht immer lässt sich vollkommene Ruhe herstellen. Ein gleichmäßig anhaltender Geräuschpegel wie zum Beispiel der einer vielbefahrenen Straße lässt sich meist ignorieren. Dagegen wirken Lärmbelästigungen, die kommen und gehen, besonders störend.
- **Lichtverhältnisse:** Sonnenlicht im Raum stimmt heiter, Blendung kann ungeahnte Folgen haben. So hat zum Beispiel der Architekt in der Eismeerkathedrale im norwegischen Tromsö

hinter dem Altar eine riesige Glaswand eingeplant, um die Berge optisch in die Kathedrale zu holen. Leider strahlte genau zu den Gottesdienstzeiten die Sonne direkt durch dieses Fenster. Demzufolge trugen alle Leute Sonnenbrillen. Prüfen Sie also in Ihrem Konferenzsaal rechtzeitig, ob die Gefahr besteht, dass Sie oder Ihr Publikum von der Sonne geblendet werden!

- **Optik:** Gerade, wenn Sie über ein emotional besetztes Thema sprechen, kann eine sterile Atmosphäre gewaltig stören. Achten Sie darauf, dass die Ausstrahlung der Örtlichkeit Ihren Absichten nicht zuwiderläuft. Wenn es keine Alternativen gibt, dann helfen vielleicht ein paar großformatige, ansprechende Plakate zu Ihrem Thema oder andere attraktive Accessoires.

Die Anfahrt

Wenn Sie die Überprüfung der Örtlichkeiten für Ihre Präsentation ernst genommen haben, dann kennen Sie den Anfahrtsweg gut genug, um rechtzeitig an Ort und Stelle zu sein. Geben Sie

Ihr Wissen an Ihre Gäste weiter. Wichtig sind folgende Informationen:

- exakte Anfahrtsbeschreibung mit dem Auto, in der Regel ab Autobahnausfahrt,
- Hinweis auf Parkmöglichkeiten,
- Anreisebeschreibung mit den öffentlichen Verkehrsmitteln,
- Hinweise auf den Fahrplan,
- exakte Beschreibung des Fußwegs zwischen der nächsten Haltestelle und dem Tagungsgebäude inklusive Zeit,
- Hinweis auf besondere Schwierigkeiten wie eine fehlende Hausnummer oder einen rückwärtigen Eingang.

Alles im Griff – Die richtige Planung

Manche Menschen sind akribische Planer. Andere überlassen sich lieber ihren Geistesblitzen. Oder sind der Meinung, man solle eine Aufgabe anpacken, anstatt sie zu ordnen. Doch bei einer komplexen Arbeit wie der Vorbereitung einer Präsentation ist eine gewisse Planung unabdingbar.

Streng nach Fahrplan

Meistens sind es die Kleinigkeiten am Schluss, die viel Zeit kosten. Das inhaltliche Konzept steht. Alle Folien, Bilder und Skizzen sind fertig. Jetzt fehlen zum Beispiel nur noch ein paar Zahlen, ein leistungsfähiger Dia-Apparat, ein Block für das Flipchart und ein Paar neue Schuhe zum guten Anzug oder fürs neue Kostüm müssen noch besorgt werden. Und plötzlich geraten Sie in Hektik.

Sicherlich hätten Sie zum Beispiel die Schuhe schon vor Wochen besorgen können. Aber wer kümmert sich um Schuhe, wenn er noch auf der Suche nach schlagkräftigen Argumenten ist?

Machen Sie sich eine To-do-Liste

- Notieren Sie alle Aufgaben, die vor Ihnen liegen – von der Themenaufbereitung bis zum Schuhkauf!
- Sortieren Sie die Dinge aus, die Sie jederzeit realisieren können wie zum Beispiel den Schuhkauf! Schreiben Sie diese auf eine Extraliste und streichen Sie die Punkte aus, sobald sie erledigt sind. Es ist ein gutes Gefühl, wenn zwei Wochen vor der Präsentation kaum noch etwas auf dieser Liste steht.
- Legen Sie eine Reihenfolge der anderen Punkte fest! Was muss zuerst getan werden? Gibt es Dinge, die die Vorbereitung blockieren können? Fehlen Informationen, die für die Themenaufbereitung grundlegend sind? Welche Dinge können Sie parallel tun? Wo sind Sie von anderen abhängig? Zum Beispiel von den Öffnungszeiten einer Spezialbibliothek? Oder von einer guten Freundin, die Ihnen bei der Arbeit mit PowerPoint helfen kann?
- Bringen Sie Ihren Fahrplan in ein zeitliches Raster! Bis wann müssen die fehlenden Fakten recherchiert sein? Wann sollte die inhaltliche Arbeit abgeschlossen sein, damit Sie noch genügend Zeit für das Einüben der Präsentation haben? Markieren Sie fixe Termine mit einem Rotstift!
- Überlegen Sie, wo Sie Abstriche machen können, wenn Sie in Zeitnot geraten!

In Verbindung bleiben – Die Abstimmung mit den übrigen Beteiligten

In der Regel werden Sie eine Präsentation nicht ohne die Zuarbeit anderer vorbereiten. Es gibt Auftraggeber, Adressaten und Kollegen.

- **Der Chef:** Egal, ob er Ihnen den Auftrag gegeben hat, oder ob Sie die Präsentation selbst vorgeschlagen haben, Ihr Vorgesetzter ist irgendwo für Ihre Arbeit verantwortlich. Werten Sie es nicht als unzulässige Einmischung, wenn er vorab informiert werden möchte. Geben Sie ihm lieber von sich aus einen kurzen Überblick. Wer zuerst die Initiative ergreift, hat das Heft in der Hand. Fragen Sie ihn nach seinen Erwartungen. Klären Sie strittige Punkte frühzeitig ab. Halten Sie ihn auch auf dem Laufenden, wenn er sich uninteressiert zeigt. Sie brauchen ihm ja kein Gespräch aufzudrängen, sondern können ihm einfach einen Zwischenbericht ins Fach legen.

TIPP

Erkundigen Sie sich, welche Gepflogenheiten in Ihrer Firma in puncto Präsentation herrschen. Es könnte einen Stil geben, an den sich jeder halten sollte.

- **Auftraggeber:** Behandeln Sie die Person oder die Gruppe, die Sie um eine Präsentation bittet, wie Ihren Chef. Halten Sie sie informiert und tragen Sie Konflikte lieber vorher aus.
- **Kunden:** Die Frage nach den Wünschen des Kunden gehört zu den wichtigsten überhaupt. Je mehr Sie direkt fragen, desto besser. Informieren Sie ihn, was er zu erwarten hat. Vom Inhalt über die Länge des Meetings bis zum Buffet. Wenn die Präsentation im Haus des Kunden stattfindet, erkundigen Sie sich, was Sie zu erwarten haben.
- **Team:** Wenn Sie nicht alleine präsentieren, dann ist es selbstverständlich, dass Sie Ihren Teil in enger Abstimmung mit den Kollegen ausarbeiten. Das gilt auch dann, wenn diese nur eine untergeordnete Funktion haben, zum Beispiel sich als Experten für bestimmte Nachfragen bereithalten sollen.

- **Kollegen:** Halten Sie auch Kollegen auf dem Laufenden, die zwar nichts mit der Präsentation, sehr wohl aber mit den vorgestellten Inhalten zu tun haben. Es kann für schlechte Stimmung sorgen, wenn die Mitglieder Ihrer Arbeitsgruppe hinterher der Meinung sind, dass das Projekt nicht richtig dargestellt wurde. Außerdem können Ihre engsten Mitarbeiter auch Ihre wichtigsten Berater abgeben. Niemand kann Ihre Argumente kritischer überprüfen oder bemerkt leichter, wenn Sie etwas übersehen haben.

Die Generalprobe

Eine Generalprobe gehört theoretisch unbedingt zur Vorbereitung einer Präsentation. In der Praxis wird es Ihnen kaum möglich sein, einige Tage vor Ihrem großen Auftritt zum Beispiel im Konferenzraum des Hamburger Hotels vormittags um 10:30 Uhr vor ein paar sachkundigen Freunden oder Kollegen eine Probepräsentation halten zu können.

Wenn keine Generalprobe an einem Stück möglich ist, dann machen Sie den inhaltlichen Test zu Hause im Meetingraum der Firma und nur die Tests mit der Technik im Konferenzsaal vor Ort.

Auf jeden Fall müssen Sie zwei Dinge testen:

- Halten Sie mindestens einmal den vollen Vortrag vorab. Am besten vor einigen fachkundigen Kollegen, notfalls vor Ihrem Ehegatten oder einer guten Freundin. Dazu gehört auch der Einsatz aller Hilfsmittel.

MERKE: Ihre Probe soll so nah wie möglich an die Originalbedingungen herankommen, und sie muss früh genug stattfinden, damit Sie noch Zeit haben, Probleme zu beheben.

TIPP
Proben Sie im Original-Outfit. Das unterstreicht die Wichtigkeit!

2. Testen Sie alle Geräte, die Sie verwenden, gründlich vor Ort! Sie müssen nicht nur wissen, ob der Tageslichtprojektor funktioniert, sondern auch, wie die einzelnen Folien darauf wirken, wo er genau stehen muss und welche Lichtverhältnisse herrschen müssen.

Die Generalprobe ist eine Sache, das Üben Ihres Vortrags eine andere. Vor allem dann, wenn Sie noch keine Routine haben, tun Sie gut daran, so viel wie möglich zu testen. Das beginnt beim Sammeln Ihrer Argumente. Sind Sie wirklich stichhaltig? Üben Sie das freie Sprechen! Erzählen Sie sich abends vor dem Badezimmerspiegel, was Sie am Tag erarbeitet haben. Halten Sie sich selbst Ihren Vortrag oder einzelne Teile daraus so oft, bis Sie das Ganze im Griff haben. Beziehen Sie Ihre Familie mit ein. Ihre Kinder können ruhig mitbekommen, dass auch Eltern Hausaufgaben machen müssen.

Fazit

Eine Präsentation ist eine komplexe Aufgabe. Die einzelnen Teile sind dabei voneinander abhängig. Wenn der Inhalt nicht überzeugt, nutzt die beste Vorbereitung nichts. Genauso können aber technische Probleme oder Fehler bei der Planung die besten Argumente kaputtmachen. Es lohnt sich deshalb, auch die vermeintlich nebensächlichen Dinge sorgfältig vorzubereiten.

Zeitdruck vermeiden

Wir wissen alle, dass die Zeit zur Vorbereitung eigentlich nie ausreicht! Am Ende fällt dann meist die Generalprobe unter den Tisch. Die Folgen können fatal sein.

- Lieber zehn Minuten gut präsentieren, als eine halbe Stunde lückenhaft. Wenn Sie wenig Zeit für die Vorbereitung haben, dann müssen Sie Ihr Programm straffen. Beschränken Sie sich auf das Wesentliche, aber machen Sie das perfekt. Mit Technikcheck, Generalprobe und allem Drum und Dran.
- Wenn Ihr Vorgesetzter trotzdem fordert, eine halbe Stunde zu füllen, dann setzen Sie auf Interaktion mit dem Publikum. Fordern Sie zu Fragen und Diskussion auf. Aber bereiten Sie sich auch darauf gut vor.
- Stellen Sie einen realistischen Zeitplan auf, sobald Sie eine Präsentation zugesagt haben. Überprüfen Sie immer wieder,

Zeitdruck während der Präsentation

Wenn Sie einer von mehreren Rednern auf einer Tagung sind, dann überlegen Sie am besten schon bei der Vorbereitung, wie Sie Ihren Vortrag auf die Hälfte kürzen können – vor allem, wenn Sie unmittelbar vor dem Mittagessen oder spät am Nachmittag an der Reihe sind. Glauben Sie nicht, dass es einen schlechten Eindruck macht, wenn Sie einen 20-Minuten-Schnelldurchgang ankündigen. Ihr Publikum wird es Ihnen danken. Wenn Sie 40 Minuten reden und nach 20 hört keiner mehr zu, wird Ihr Publikum hinterher der Meinung sein, Sie hätten in der zweiten Hälfte nichts mehr zu sagen gehabt.

ob Sie in Verzug sind oder reduzieren müssen, beziehungsweise ausbauen können.

- Reduzieren Sie den Technik-Einsatz. Benutzen Sie nur die Geräte, die Sie bereits beherrschen.
- Meistens kommt ein Vortrag nicht aus heiterem Himmel. Wenn Sie eine Arbeitsgruppe leiten, dann wissen Sie, dass Sie die Ergebnisse irgendwann auch präsentieren müssen. Ziehen Sie regelmäßig ein Zwischenresümee. Heften Sie das zusammen mit anderem wichtigem Material und spontanen Ideen in einem Ordner ab.
- Auch Ihre technischen Hilfsmittel sollten Sie nicht erst kennen lernen, wenn der Vortrag, der Ihre Karriere entscheiden soll, droht. Üben Sie anhand der goldenen Hochzeit Ihrer Eltern oder der Jahrestagung Ihres Vereins mit PowerPoint und Beamer zu präsentieren.

TIPP
Blicken Sie nicht während des Vortrags auf ihre Armbanduhr! Das steckt an! Eine Uhr, die flach auch dem Rednerpult liegt, erlaubt eine unauffällige Kontrolle.

In der Kürze liegt die Würze

Meistens ist die für eine Präsentation angesetzte Zeit knapp bemessen. Kürzen Sie bei Bedarf den Vortrag lieber, als dass Sie versuchen, alle Fakten anzusprechen. Beim Zuhörer kommt sonst nur die Hälfte an, weil er keine Zeit hatte, das Gehörte wirken zu lassen. Nutzen Sie auch Ihre Vorbereitungszeit optimal aus, damit nicht doch noch Lücken in Ihrer Argumentation auftauchen und Sie nicht mehr drauf eingehen können.

TIPP
Seien Sie nicht zu stolz, sich bei der Einführung in neue Techniken auch von Ihren halbwüchsigen Kindern helfen zu lassen.

MERKE: Je knapper die Zeit ist, desto wichtiger ist es, clever damit umzugehen!

Jetzt geht's zur Sache – Die Themenaufbereitung

Im Mittelpunkt Ihrer Präsentation steht natürlich der Inhalt. Vermutlich verfügen Sie über eine Unmenge an Rohmaterial. Doch sie können es Ihren Zuhörern nicht ohne Aufbereitung servieren. Das würde bedeuten, dem Kunden die Einzelteile mit der Bemerkung zu liefern, dass er sich seine Präsentation selbst zusammenbauen soll. Da Sie aber etwas erreichen wollen, müssen Sie Ihren Vortrag fix und fertig präsentieren!

Den Rohbau erstellen

Unabhängig davon, ob Sie von der Fülle des Materials erschlagen werden oder händeringend nach Ideen suchen, am Anfang steht die Materialsammlung. Das Gesammelte müssen Sie dann strukturieren. Dabei ist es wichtig, dass Sie sich über Ihre Argumentation klar werden.

Brainstorming

Wir haben Brainstorming bereits als Gruppenarbeit kennen gelernt. Es eignet sich aber genauso gut, um Ihre Gedanken zu sammeln. Sie können einen großen Bogen Papier auf den Boden legen und beschreiben oder Kärtchen an eine Pinnwand heften. Die Kärtchen haben den Vorteil, dass Sie Ihr Material später leichter strukturieren können.

TIPP

Legen Sie beim Brainstorming Ihr Papier immer quer. Blätter, die höher als breit sind, verleiten dazu, zusammenhängende Dinge in geraden Linien zu schreiben.

In die Mitte schreiben Sie das Thema. Rund herum werden alle Ideen und Assoziationen gesammelt. Danach sollten Sie mindestens einmal über die Sache schlafen. Wenn Sie die Zeit haben, können Sie Ihre Materialsammlung sogar tagelang hängen lassen und Stück für Stück ergänzen. Notieren Sie aber jede Idee, bevor Sie diese wieder vergessen haben. Wichtig ist, dass Sie Ihre Gedanken zunächst nicht bewerten. Die kleinen Details und abwegigen Ideen haben genauso Ihre Berechtigung wie die entscheidenden Argumente.

Mindmapping

Das Mindmapping ist eine Technik der Stoffsammlung, die dem Brainstorming verwandt ist und immer beliebter wird. Mindmapping bedeutet, dass man eine Landkarte der eigenen Gedanken und Assoziationen zum Thema herstellt. Wie beim Brainstorming schreiben Sie dieses Thema auf einen großen Bogen Papier oder auf ein Kärtchen an der Pinnwand. Nun sammeln Sie in einem ersten Kreis ringsherum die wichtigsten Kernbegriffe. Zu diesen suchen Sie nun jeweils weitere Unterpunkte. Sie sollten sich aber nicht auf Wörter beschränken.

TIPP
Sie können beide Techniken gut kombinieren! Verarbeiten Sie die Resultate Ihres Brainstormings in einem zweiten Schritt zu einer Mindmap.

MERKE: Mindmapping ist eine stark emotionale Technik, die Ihr inneres Bild von einem Thema wiedergeben soll. Es ist gut, wenn Sie dieses Bild für sich sichtbar machen. Aber der Aufbau einer Präsentation muss streng logisch sein, nicht assoziativ. Deshalb wird die Mindmap dem Fünf-Satz angepasst und nicht umgekehrt. Ihre Assoziationen werden aber noch einmal sehr wertvoll, wenn es darum geht, Beispiele und Visualisierungen zu finden, die Ihren Vortrag lebendig machen.

Ergänzen Sie Ihre Mindmap mit kleinen Skizzen und Zeichnungen. Notieren Sie Beispiele, wenn Ihnen welche einfallen. Im Gegensatz zum Brainstorming sollte beim Mindmapping aber jedes Element seinen »richtigen« Platz auf der Karte haben. Die Hierarchien und Abhängigkeit zwischen den einzelnen Punkten müssen deutlich sichtbar werden.

TIPP
Wenn Ihre Mindmap zu unübersichtlich wird, zeichnen Sie das fertige Ergebnis am besten noch einmal sauber ab!

Mindmapping ist eine Kreativtechnik, die davon ausgeht, dass nicht alle unsere Gedanken als Wörter und Begriffe gespeichert sind. Auch Bilder und Gefühle sollen sichtbar werden. Das geschieht zum einen durch Symbole und Skizzen. Sie können zum anderen verschiedene Farben verwenden. Legen Sie nicht vorher fest, was Sie gelb und was Sie grün malen wollen, sondern verwenden Sie die Farben ganz assoziativ. Am Ende des Prozesses sollten Sie eine vollständige Stoffsammlung mit logischer Struktur und kreativ-emotionaler Gestaltung vor sich haben.

Die tragenden Wände einziehen

Bevor Sie sich eingehender mit Ihrem Material beschäftigen, müssen Sie sich nun darüber klar werden, mit welchen Schritten

Sie Ihr Ziel am besten erreichen. Kommunikationstrainer lehren dazu die Fünf-Satz-Technik. Sie ist eigentlich eine Methode, um kurze, knackige Statements für Diskussionen zu produzieren. Aber sie eignet sich auch hervorragend, das Grundgerüst für eine längere Rede oder einen schriftlichen Beitrag zu erstellen.

Ein Fünf-Satz-Statement besteht aus einem Einleitungssatz, drei Sätzen, die zum Ziel hinführen, und dem Zielsatz. Entscheidend ist, dass der Fünf-Satz rückwärts aufgebaut wird. Sie legen erst Ihr Ziel fest, dann den Weg und fügen zum Schluss eine geeignete Einleitung hinzu.

1. Definieren Sie Ihr Ziel! Formulieren Sie es in einem Satz, der als Schlusssatz Ihrer Präsentation dienen könnte.

   Beispielsätze:

   - »Wir appellieren also, uns die notwendigen Mittel zur Verfügung zu stellen, um diese wichtige Aufgabe auch in Zukunft wahrnehmen zu können.«
   - »Ein moderneres Gerät werden Sie zurzeit auf dem Markt nicht finden.«

2. Formulieren Sie drei Argumentationsschritte, wie Sie dieses Ziel erreichen wollen.

   Beispielsätze:

   - Wenn Sie eine Sache mit mehreren gleichberechtigten Unterpunkten darstellen: »Wir haben in unserer Arbeitsgruppe folgende Eigenschaften der neuen Legierung nachweisen können. Erstens ... Zweitens ... Drittens ...«
   - Wenn Sie eine Entwicklung aufzeigen: »Früher ... Heute ... In Zukunft ...«
   - Wenn Sie einer Gruppe etwas Neues beibringen müssen: »Das Problem ist ... Deshalb ändern wir Folgendes ... Das bedeutet für Sie ...«

TIPP
Versuchen Sie sich wirklich auf drei Schritte zu beschränken!

- Wenn Sie einen Kompromiss vorstellen: »Vorschlag A lautet ... Vorschlag B ... Als Kompromiss schlage ich Folgendes vor: ...«
- Wenn Sie einer Gruppe ein Problem darstellen, damit diese selbst entscheiden kann: »Das Problem ist ... Dazu gibt es folgende Lösungsvarianten ... Die Vor- und Nachteile sind ...«
- Wenn Sie eine Position verteidigen müssen: »Unser Standpunkt ist ... Dafür habe ich folgende Gründe ... Diese lassen sich belegen durch ...«
- Wenn Sie die Argumente Ihrer Gegner entkräften müssen: »Unsere Position ist ... Die Gruppe um Professor X dagegen sagt ... Wir meinen, dass wir trotzdem richtig liegen, weil ... das belegt ...«

3. Formulieren Sie Ihr Anliegen in einem Einleitungssatz!

   Beispielsätze:

   - »Ich werde Ihnen heute die wichtigsten technischen Vorzüge des neuen Produkts vorstellen.«
   - »An der Kreuzung vor der Grundschule sind im letzten halben Jahr vier Kinder verunglückt. Das kann nicht so weitergehen.«
   - »Ich möchte für die Arbeit unseres Vereins werben, der ein wichtiges gesellschaftliches Anliegen verfolgt.«

Ordnen und analysieren

Der Fünf-Satz, den Sie erarbeitet haben, ist der rote Faden für Ihre Präsentation. In dieses Gerüst müssen Sie nun Ihr gesammeltes Material einbauen. Wenn Sie eine Mindmap erstellt haben, dann haben Sie bereits eine Vorstrukturierung getroffen. Passt sie mit Ihrem Fünf-Satz zusammen? Vermutlich müssen sie die Mindmap anpassen.

Unabhängig davon, wie Sie Ihr Material gesammelt haben, sollten Sie sich nun eine weitere Karte erarbeiten. Im Mittelpunkt steht Ihr Fünf-Satz. Sie haben sich damit auf eine Argumentationsstruktur festgelegt. Aber er stellt noch nicht unbedingt eine vollständige Argumentation dar. Wenn Sie »Erstens ... Zweitens ... Drittens ...« argumentieren, dann ist vielleicht auch noch ein »Viertens ...« und »Fünftens ...« nötig. Wenn Sie einen Standpunkt verteidigen, dann führen Sie jetzt die Gründe und Beweise auf, die Sie verwenden wollen.

Sie sollen Ihre Argumentation jedoch nicht aufblähen, sondern konkretisieren! Benutzen Sie nur die wirklich guten Argumente! Legen Sie eine sinnvolle Reihenfolge fest! An den Anfang gehört ein sehr starkes, möglichst originelles Statement, dann folgen die etwas schwächeren, den Schlusspunkt bildet das stärkste und wichtigste.

Wenn Ihre Argumentation steht, dann fügen Sie Unterbegriffe, Beispiele und Details, die sie gesammelt haben, in Ihre Karte ein.

TIPP
Arbeiten Sie so ordentlich und übersichtlich wie möglich!

Wenn Sie ihre neue Karte fertig gestellt haben, nehmen Sie sich Zeit, diese zu betrachten. Überlegen Sie dabei:

- Passt Ihr argumentatives Grundgerüst oder müssen Sie noch einmal darüber nachdenken?
- Welche Punkte sind am wichtigsten? Markieren Sie diese!
- Erscheint das System vollständig oder erkennen Sie Stellen, die mangelhaft sind?
- Ist es im Gleichgewicht oder sind Ihnen zu einem Kernbegriff viel mehr Unterpunkte eingefallen als zu anderen? Müssen Sie in manchen Bereichen eventuell noch recherchieren?
- Welche Punkte sind vermutlich überflüssig, weil Sie nur am Rande mit dem Thema zu tun haben oder den Rahmen sprengen? Markieren Sie diese, indem Sie sie einklammern oder die entsprechenden Kärtchen etwas zur Seite rücken.
- Gefällt Ihnen das Ergebnis? Wenn wir mit etwas irgendwie unzufrieden sind, dann gibt es Gründe dafür, auch wenn wir sie spontan noch nicht benennen können.

Überarbeiten Sie Ihre Darstellung, bis Sie zufrieden sind!

Die Hilfsmittel im Blick

Je frühzeitiger Sie Ihre späteren Visualisierungen mit einplanen, desto besser. Notieren Sie jeden Gedanken auf Ihrer Karte! Wenn Ihnen eine gute Idee kommt, wie Sie zum Beispiel die Halbjahresbilanz darstellen wollen, dann skizzieren Sie das auf einem Extrablatt und machen sich auf Ihrer Karte unter dem Begriff Bilanz einen Vermerk, der auf das Extrablatt verweist.

Nicht alles geht – eine Auswahl treffen

Sie haben sich nun einen vollständigen Überblick über Ihr Präsentationsthema erarbeitet. Vermutlich ist es viel zu umfangreich. Falls Sie einigermaßen gründlich gearbeitet haben und sich wirklich mit dem Thema auskennen, werden Sie bestimmt nicht das ganze gesammelte Material in einer Präsentation unterbringen – selbst wenn man Ihnen anderthalb Stunden Redezcit gewähren sollte.

Haben Sie sich also zu viel Mühe gemacht? Keineswegs! Sie sollten bedenken:

- Um eine Auswahl zu treffen, muss man einen Gesamtüberblick haben!
- Ein guter Referent kann zu jedem Unterpunkt auf Nachfrage etwas sagen.

Falls Sie sich entschließen, sich auf die Kernpunkte zu beschränken, kann die gezielte Auswahl der richtige Weg sein. Nehmen wir an, dass Sie vor den Gefahren des Rauchens warnen möchten. Müssen Sie nun wirklich alle Probleme aufzählen, die fast jedem Menschen schon vage bekannt sind? Wäre es nicht vielleicht wirkungsvoller, wenn Sie beispielsweise nur zwei Risiken herausgreifen und diese dann in allen Einzelheiten besprechen! Legen Sie zum Schluss eine vollständige Gefahrenliste auf und erinnern Sie Ihr Publikum, dass Sie ja nur einen geringen Teil der Risiken angesprochen haben und zu allen anderen genauso viel zu sagen wäre. Vermutlich erzielen Sie mehr Eindruck, als wenn Sie Ihre Zuhörer nacheinander mit allen Details im Schnelldurchgang überschütten.

TIPP
Eine Präsentation ist nicht dann gut, wenn nichts mehr hinzugefügt werden kann, sondern wenn nichts mehr weggelassen werden kann.

Stellen Sie sich folgende Fragen:

- Welche Punkte sind absolut notwendig für meine Argumentationsstruktur?
- Gibt es anderes, was auf keinen Fall fehlen darf?
- Gebe ich lieber einen Überblick über das ganze Thema oder greife ich prägnante Beispiele heraus?
- Welche Punkte könnten die Zuhörer besonders ansprechen?
- Zu welchen Aspekten habe ich anschauliche Beispiele, gute Bilder oder andere Visualisierungsmöglichkeiten?

Die Ausstattung – Der Präsentation Leben einhauchen

Das inhaltliche Gerüst müssen Sie noch in eine präsentierbare Form bringen. Nicht umsonst klingt in dem Wort »Präsentation« das »Präsent« mit. Bringen Sie Ihrem Publikum den Vortrag wie ein Geschenk dar: inhaltlich wertvoll und hübsch verpackt.

Mit den Ohren der Zuhörer

Versuchen Sie sich in die Lage ihres Publikums zu versetzen. Planen sie in Gedanken einen Besuch auf Ihrer eigenen Veranstaltung – mit allen Details.

Diese Analyse könnte zum Beispiel so aussehen:

»Es ist bereits der zweite Tag des Kongresses. Die ersten Erwartungen sind bereits gesättigt. Die Besucher sind im Thema eingearbeitet und möchten mitreden. Sie hören nur noch Referenten zu, die wirklich etwas Neues bieten. Aber auch dann wünschen sie ausreichend Raum für Diskussionen. Natürlich warten alle auf den Vortrag von Professor Mühlheim um 11. Da habe ich es als Vorredner schwer. Aber das Referat von Frau Meyer am Vortag könnte im Widerspruch zu meinen Thesen stehen. Wenn ich daran anknüpfe, muss ich mich auf heiße Auseinandersetzungen gefasst machen. Andererseits ist das meine Chance, Aufmerksamkeit zu erringen.«

- Signalisieren Sie Ihren Zuhörern, dass Sie sie verstehen:

  »Ich weiß, dass Sie ein Produkt brauchen, das besonders robust ist.«

  »Mir ist bewusst, dass so radikale technische Neuerungen nicht nur Hoffnung, sondern auch viel Skepsis und sogar Angst hervorrufen.«

- Wählen Sie Beispiele und Vergleiche aus dem Alltag der Teilnehmer!

  »Sie als Angler wissen, dass der Köder dem Fisch schmecken muss, nicht dem Angler. Genauso muss eine Pressemitteilung Ihres Vereins für die Journalisten verfasst sein, nicht für die Vereinschronik.«

TIPP
Ihr Beispiel kann banal klingen! Nur der Gedanke dahinter sollte es nicht sein!

- Fragen Sie, welchen Nutzen Ihr Publikum von Ihrer Präsentation hat, nicht was den Teilnehmern gesagt werden muss.

MERKE: Achten Sie in Vorträgen anderer darauf, welche Dinge Sie ansprechen, wodurch Sie bei der Stange gehalten werden, wann Sie abschalten. Sie werden schnell merken, dass 20 Folien nur für den Referenten, niemals aber für den Zuschauer in Ordnung sind.

Abwechslung bringt Leben – Die Visualisierung planen

Nun ist es Zeit, dass Sie sich Gedanken über den Einsatz Ihrer Hilfsmittel machen. Einiges werden Sie sich schon notiert haben, aber es gibt noch mehr.

Visualisierungen sollen

- das Verständnis erleichtern,
- Dinge anschaulich machen,
- Abwechslung für das Publikum bieten.

Visualisierungen sind besonders angesagt bei

- Zahlen und Relationen,
- Gegenständen oder Orten, die das Publikum nicht aus eigener Anschauung kennt,
- technischen Details,
- Lokalisierungen.

Visualisierungen sind

- Pläne und Landkarten,
- Diagramme,
- Zeichnungen und Piktogramme,
- Fotos und Filme.

Überlegen Sie,

- wo Visualisierungen unbedingt notwendig sind,
- wo sie das Verständnis erleichtern können,
- welche Mittel Sie einsetzen können.

MERKE: Nicht nur der Wechsel zwischen Rede und Darstellung, auch der Wechsel mehrerer Medien wirkt anregend auf Ihr Publikum.

Gefühle aktivieren – Beispiele, Vergleiche und Bilder

Wir treffen Entscheidungen häufig aus dem Bauch heraus. Selbst wenn wir meinen, nach allen Regeln der Vernunft zu entscheiden, verbirgt sich dahinter nicht selten Emotionales. Deshalb muss Ihre Präsentation die Zuhörer in Ihren Gefühlen ansprechen.Um die Gefühle Ihrer Zuhörer zu aktivieren, müssen Sie an deren Phantasie appellieren.

▸ **Reden Sie sinnlich!**

»Ihre Mitarbeiter werden unseren neuen Kopierer lieben. Wir haben ihn nicht umsonst Copymax genannt. Max ist nett, Max ist gutmütig und robust. Da geht nichts kaputt, da klemmt nichts. Das Menü ist übersichtlich und leicht zu bedienen. Da braucht keiner erst das Handbuch zu studieren. Mit Max werden sich alle schnell anfreunden – sogar wer Angst vor Technik hat.«

- **Lassen Sie Bilder vor dem geistigen Auge entstehen!**

»Stellen Sie sich vor! Weißer Sandstrand, Sonne! Vor Ihnen funkelt das türkisfarbene Meer. Ein leichter Wind streift über sie hinweg – und bringt den Geruch von Teer, der überall in dicken Klumpen zu finden ist. Das ist Galicien, nachdem ein Tanker namens Prestige vor der Küste leck geschlagen ist.«

- **Denken Sie sich anschauliche Vergleiche aus!**

»Wie Sie sehen, ist unser Gewinn in den letzten zehn Jahren stetig zurückgegangen. Damals konnten wir uns am Ende des Jahres über eine richtig fette Sahnetorte freuen. Inzwischen essen wir Streuselkuchen. Das ist noch nicht dramatisch, aber es wird Zeit, dass wir uns alle gemeinsam überlegen, wie wir diesen Trend stoppen, um nicht in ein paar Jahren zwangsläufig bei Graubrot mit Margarine zu landen.«

- **Verwenden Sie Beispiele, die Emotionen wecken!**

»Erinnern Sie sich noch an Ihre Kindheit? Wie Sie Ihren Eltern klar machten, dass Sie unbedingt ein BMX-Rad haben müssen, obwohl schon ein Fahrrad im Keller stand? Auch die deutschen Gartenbesitzer haben schon einen Rasenmäher. Aber wir müssen sie auf den neuen Electra so scharf machen, wie Sie damals auf das BMX-Rad waren.«

Der Rahmen ist wichtig – Ein guter Ein- und Ausstieg

Es ist ein Fakt: Das Wesentliche an einer Präsentation ist der Hauptteil. Doch die ersten Sätze entscheiden darüber, ob das Publikum wirklich zuhört, die letzten, ob der Vortrag hängen bleibt.

Ein guter Anfang

- muss vertrauenserweckend und sympathisch wirken,
- muss Orientierung geben,
- muss neugierig machen.

Beispielsweise kann folgender Einstieg sehr schlicht aussehen: »Meine sehr verehrten Damen und Herren, ich freue mich, Ihnen heute die neuesten Erkenntnisse aus der Membranforschung vorstellen zu dürfen. Ich werde Ihnen circa 20 Minuten lang einen Überblick über diese spannende Technologie geben. Dann haben wir noch Zeit für Fragen Ihrerseits.«

Denken Sie nicht zu geringschätzig über einen solchen Beginn! Er erfüllt seinen Zweck. Und er ist jedem misslungenen Gag bei weitem überlegen! Aber wenn Sie Zeit und Ideen haben, dürfen Sie sich natürlich etwas wirklich Originelles ausdenken:

- Aktivieren Sie Ihr Publikum! Eine gezielte Frage holt die Zuhörer mit ins Boot: »Wissen Sie, wie hoch Ihre letzte Stromrechnung war? – Ich blicke in lauter ratlose Gesichter. Unser Stromverbrauch ist immer noch ein Thema, dem wir wenig Beachtung schenken.«
- Kündigen Sie eine Expedition mit sich als Reiseleiter an: »Wir werden zusammen eine faszinierende Entdeckungsreise unter die Oberfläche der Erde machen. Denn wie sich unser Ackerboden zusammensetzt und was für Vorgänge sich dort abspielen, das haben wir erst in den letzten Jahren nach und nach herausgefunden.«

MERKE: Auch der unterhaltsamste Einstieg muss direkt zum Thema hinführen!

- Eine gute Anekdote fesselt immer: »Als Berufsanfänger hatte ich die Kläranlage einer Firma zu betreuen, die Pektin für Gelierzucker herstellte. Eines Morgens kam ich auf die Anlage und musste feststellen, dass der gesamte Inhalt der Klärbecken geliert war. Nicht alle Fehler fallen so leicht auf!«
- Bringen Sie einen Gegenstand mit: »Der Fisch hier auf dem Teller ist ein Seehecht. Ich vermute, die meisten von Ihnen haben noch nie einen gesehen. Jedenfalls nicht in dieser Form. Und hier liegt das Problem. Der Seehecht ist nämlich im Moment der beliebteste Fischstäbchen-Fisch. Er ist damit Nachfolger des Seelachses, der darüber fast ausgerottet worden ist.«

TIPP
Eine gute Rede hat einen guten Anfang und ein gutes Ende – und beide sollten möglichst dicht beieinander liegen. (Mark Twain)

- Provozieren Sie gezielt! Zum Beispiel, indem Sie ein paar Geldscheine zerknüllen und in die Ecke werfen. »So wird in unserer Firma das Geld rausgeworfen. Keine großen Beträge. Zehn Euro hier, zwanzig Euro da. Aber es summiert sich. Deshalb sind wir gezwungen ein neues Kontrollsystem einzuführen, das ich Ihnen heute vorstellen werde.«

Ein guter Schluss ist

- kurz,
- effektvoll,
- eindeutig.

Da Ihre Präsentation ein Ziel hat, ist es meistens angebracht, im Schlusssatz auf dieses Ziel einzugehen und das Publikum zum Handeln aufzufordern:

- »Damit haben Sie die wichtigsten Vorzüge unseres neuen Electra-Mähers kennen gelernt. Jetzt sind Sie an der Reihe zu fragen.«
- »Wenn unser Seehecht nicht bald zu einer Rarität werden soll, dann müssen Sie, die Verbraucher, jetzt handeln.«

MERKE: Sie können die Aufmerksamkeit Ihrer Zuhörer noch aktivieren, indem Sie den Schluss ankündigen. Das darf aber nicht zu weit im Vorfeld geschehen. Wenn Sie drei zentrale Punkte behandeln, ist es keine gute Idee nach zwei Dritteln schon zu versprechen: »Wir kommen jetzt zum letzten Punkt!« Besser ist es, wenn Sie den Hauptteil beenden, den Schluss ankündigen und die erneute Aufmerksamkeit zu einer kurzen Zusammenfassung nutzen, die in den Schlusssatz mündet.

- »Ich hoffe, ich habe Ihnen zeigen können, dass wir hier ein wirklich engagiertes Team und ein viel versprechendes Produkt haben.«

Klar, einfach und lebendig – Die richtige Sprache

Wenn Sie Ihren Text für die Präsentation vorbereiten, dann dürfen Sie getrost alles vergessen, was Sie Ihr Deutschlehrer über abwechslungsreiche Wortwahl und raffinierte Satzkonstruktionen gelehrt hat. Rednersprache ist nicht gleich Schriftsprache! Rednersprache ist einfach. Ihre Zuhörer sollen Sie verstehen und sich nicht an Ihrem eleganten Sprachgebrauch berauschen.

TIPP
Man gebrauche gewöhnliche Worte und sage ungewöhnliche Dinge. (Kurt Tucholsky)

- Sprechen Sie in kurzen Hauptsätzen! Bei neun Worten endet die optimale Verständlichkeit. Verpacken Sie niemals etwas Wichtiges in Nebensätze! Kurze Hauptsätze wirken dynamisch. Nebensatzkonstruktionen fordern Ihren Zuhörern eine Konzentration ab, die besser dem Inhalt gelten sollte. Außerdem erwecken komplizierte Sätze leicht den Eindruck, das Thema sei genauso anstrengend.

- Benutzen Sie Verben statt Substantive!

  »Wir müssen heute über diese Sache entscheiden!« nicht »Diese Sache muss heute zur Entscheidung kommen.«

- Sprechen Sie aktiv! Meiden Sie Passiv-Konstruktionen!

  »Wir müssen dieses Problem schnell anpacken.« nicht »Dieses Problem müsste man schnell anpacken.« beziehungsweise »... müsste schnell angepackt werden.«

- Verwenden Sie Wörter konsequent!

  Wenn Sie beispielsweise über Bauern reden, die Angst um ihre Höfe haben, dann bleiben Sie bei dem »Hof«. Sprechen Sie nicht plötzlich von Landwirtschaften oder Agrarbetrieben. Ihre Zuhörer werden unwillkürlich etwas Neues erwarten, wenn Sie so ansetzen, etwa das Landwirtschaftsministerium oder Agrargenossenschaften. Diese Störungen sind winzig, aber überflüssig.

TIPP

Lassen Sie Ihren Dank nie so klingen, als wäre es ein Opfer gewesen Ihnen zuzuhören.

- Scheuen Sie sich nicht vor Wiederholungen! In der Schriftsprache sind Wiederholungen langweilig, in der Rede aber einprägsam.

  Erinnern sie sich auch an gelungene Werbefilme, aber nicht an das Produkt, um das es ging? Andere Spots, die uns den Produktnamen mit nervigen Jingles oder markanten Sprüchen einhämmern, sind dagegen jedem präsent.

  Wiederholen Sie also die wichtigsten Aussagen Ihrer Präsentation mehrmals. Fassen Sie jeden Sinnabschnitt noch einmal kurz zusammen! Verwenden Sie dabei die gleichen Worte wie zuvor!

- Benützen Sie möglichst einfache Wörter! Vermeiden Sie Fremd- und Fachwörter, Abkürzungen und Dialekt.

  Auch wenn Ihr Publikum weiß, was ein »Terminus technicus« ist, fügt sich das einfache »Fachwort« nun einmal besser in

TIPP
Vermeiden Sie Bandwurmsätze. Ihre Zuhörer verlieren sonst leicht den Faden.

ihre ansonsten deutschsprachige Rede ein. Selbst in Expertenrunden wirken Ihre Präsentationen lebendiger und sind besser verständlich, wenn Sie den Fachwortschatz auf das Notwendigste begrenzen.

- Reden Sie positiv! Verneinungen wirken negativ und sind kompliziert.

Aufschreiben oder auswendig lernen? – Der Umgang mit dem Text

Niemand, der mit technischen Hilfsmitteln agiert, kann gleichzeitig Text von einem Manuskript ablesen. In diesem Punkt unterscheidet sich ein Vortrag von einer Präsentation grundlegend. Der Umgang mit dem gesprochenen Wort ist bei einer Präsentation einfacher.

MERKE: **Stichwortkarten sind noch keine Rede! Üben Sie das freie Ausformulieren!**

Wie im Fernsehen – Stichwortkarten

Die beliebteste Möglichkeit, während einer Präsentation den Text gegenwärtig zu haben, ist ein Stapel dezenter Stichwortkarten. Sie kennen diese Methode von Fernsehmoderatoren.

1. Besorgen Sie sich weiße, feste Karten, die etwa Postkarten-Format haben!
2. Beschreiben Sie die Karten quer!
3. Verwenden Sie pro Gedankenzusammenhang eine Karte!
4. Achten Sie auf Übersichtlichkeit! Am besten schreiben Sie die einzelnen Begriffe in Treppenform schräg untereinander!
5. Operieren Sie mit verschiedenen Farben, Pfeilen und Symbolen!
6. Nehmen Sie je nach Bedarf auf:
   - die wichtigsten Stichworte,
   - Zahlen und Daten,
   - Anfangs- und Schlusssatz,
   - ausformulierte Übergänge,
   - Regieanweisungen wie »Folie 5 auflegen!« oder »Langsam sprechen!«
7. Halten Sie so wenig wie möglich und so viel wie nötig fest!

Die Alternativen

- **Für Anfänger**

Auch wenn es viel Arbeit ist, sollten Sie, wenn Sie wenig Erfahrung im öffentlichen Reden haben, ein Manuskript schreiben. Feilen Sie in aller Ruhe an einem guten Text in der richtigen

Länge. Anschließend lesen Sie ihn so oft wie möglich laut, bis Sie ihn fast auswendig können. Für die Präsentation stellen Sie zusätzlich einen Satz Stichwortkarten her. Die Teile, die Sie noch nicht so gut beherrschen, markieren Sie besonders deutlich. Üben Sie auch den Umgang mit diesen Karten! Dann sind Sie bestens gerüstet für Ihren ersten Auftritt.

TIPP
Nummerieren Sie Ihre Karten!

▸ Für Technik-Freaks

Wer viele Medien einsetzt, braucht meistens keinen Spickzettel. Die Folien, vorgezeichneten Flipchart-Bögen und Computer-Dateien sind seine Stichwortgeber. Zusätzliche Informationen können mit dünnem Bleistift am Rand notiert werden. Bedenken Sie aber, dass diese Hinweise bei aller Vollständigkeit noch kein Text sind! Üben Sie Ihre Präsentation so lange, bis Sie fließend vortragen können und eine klare, präzise Sprache gefunden haben.

TIPP
Es ist eine alte Weisheit: Je raffinierter die Spickzettel sind, die Sie vorbereiten, desto weniger brauchen Sie diese! Machen Sie sich also tolle Stichwortkarten – und legen Sie sie dann beiseite!

▸ Für Könner und Fleißige

Sie können wahrscheinlich ohne Stichwortkarten auskommen. Nicht, um Ihr Publikum zu beeindrucken. Wahrscheinlich wird Ihren Zuhörern nicht einmal auffallen, dass Sie frei reden. Aber ohne die Karten werden Sie mehr Blickkontakt halten, freier gestikulieren und mehr Dynamik und Engagement ausstrahlen. Als Vortragender fällt Ihnen der Verzicht viel leichter als einem Redner: Sie müssen Ihren Text nicht auswendig lernen. Sie müssen ihn nur beherrschen. Sie haben Ihre Medien mit den wichtigsten Informationen. Sie müssen sich keine Redewendungen merken, sondern einfach nur frei und präzise sprechen. Je besser Sie sich in Ihrem Thema auskennen, je mehr Routine Sie haben, je gründlicher Sie Ihre Präsentation geübt haben, desto leichter werden Sie auf jeden Spickzettel verzichten können.

▸ Für Unterhaltungskünstler

Sie meinen spontan reden zu können und nicht für Ihren Vortrag üben zu müssen? Da Sie aber bei der Präsentation Ihr Publikum in erster Linie informieren und nicht unterhalten sollen, sorgen Sie besser dafür, dass alle Fakten parat sind. Testen Sie, ob Sie präzise zum Thema sprechen können. Wenn diese Voraussetzungen erfüllt sind, dann halten Sie mit Ihrem Redetalent bestimmt eine tolle Präsentation.

Die Hörer ergreifen das Wort: Fragerunde und Diskussion

Gehören Sie zu den Rednern, denen beim Gedanken an Fragen aus dem Publikum mulmig wird? Die inständig hoffen, dass niemand etwas wissen will? Die erleichtert aufatmen, wenn keine Zeit mehr für die geplante Diskussion ist? Eine solche Einstellung ist verständlich, aber in der Sache falsch. Die besten Präsentatoren sind die, die ihr Thema in einem knappen 15-Minuten-Vortrag anreißen und die restliche halbe Stunde für den Dialog mit dem Publikum nutzen. Eine ausgiebige Diskussion

- gibt Ihnen ein sofortiges Feedback – Sie erfahren, wie Ihr Vortrag angekommen ist;

MERKE: Meistens bekommen Sie während der Präsentation durch die Reaktion Ihres Publikums (begeistertes oder unwilliges Raunen) oder Zwischenfragen schon eine Ahnung, in welche Richtung die Diskussion führen wird. Machen Sie eine kurze Pause. Geben Sie Ihren Zuhörern zum Beispiel die Möglichkeit, sich einen Kaffee zu holen und beginnen Sie dann mit der Fragerunde. So bekommen Sie die Gelegenheit, sich vorzubereiten.

MERKE: Voraussetzung für eine ausgiebige Diskussion ist, dass Sie Ihr Thema wirklich beherrschen. Sie müssen nicht auf jede abseitige Frage eine Antwort wissen, aber Sie müssen einen Dialog auf breiter Basis führen können. Wenn Sie beispielsweise den Rasenmäher, den Sie verkaufen sollen, eben erst kennen gelernt haben, sollten Sie sich nicht auf eine ausführliche Diskussion einlassen. Wenn Sie ihn mit entwickelt haben, können Sie sich den Fragen und Anmerkungen aus dem Publikum stellen.

- kann Missverständnisse und Unklarheiten beseitigen;
- eröffnet Ihnen die Chance, auf Einwände einzugehen und sie zu entkräften;
- gibt Ihnen die Gelegenheit, sich gezielt auf Kundenwünsche einzustellen;
- ist auch für den Redner die Chance, Antworten auf offene Fragen zu bekommen;
- schafft Vertrauen – Ihr Publikum fühlt sich ernst genommen;
- erhöht Ihre Glaubwürdigkeit – wer seine Hörer über den Tisch ziehen will, setzt sich nicht Fragen und Einwänden aus;
- ist ungewöhnlich und hebt Sie von der Konkurrenz ab;
- ist eine gute Möglichkeit für Sie, in anderen Bereichen Ihres Themas Ihr Wissen unter Beweis zu stellen – gehen Sie mit dieser Auffassung in die Fragerunde!

Die richtige Vorbereitung:

- Überlegen Sie, was Ihr Publikum interessieren könnte. Bereiten Sie sich auf Einwände vor. Wenn Sie einige kritische Punkte in Ihrer Präsentation bewusst beiseite gelassen haben, soll-

MERKE: Ihre Präsentation endet nicht vor, sondern nach der Diskussion! Fassen Sie Ihr Anliegen noch einmal zusammen und bedanken Sie sich! Wenn die Fragerunde destruktiv verläuft, brechen Sie zugunsten einer ausführlicheren Zusammenfassung oder einer längeren Pause ab!

ten Sie damit rechnen, dass diese in der Diskussion doch angesprochen werden.

- Bereiten Sie sich darauf vor, Streitgespräche zu schlichten. Sie bleiben auch während der Diskussion der Moderator. Sie wehren Provokationen ab, achten darauf, dass die Regeln eingehalten werden, lenken zum Thema zurück.

So können Sie beispielsweise eine Diskussion lenken:

- **Mit Sachfragen einsteigen:** »Zuerst würde ich gerne wissen, ob noch Unklarheiten bestehen?«
- **Zum Diskutieren ermuntern:** »Ich habe Ihnen die Chancen dieser neuen Technologie vorgetragen. Nun interessiert mich Ihre Meinung dazu.«
- **Verständnis für andere Meinungen äußern:** »Ich weiß, dass unter den Anwesenden einige sind, die ...«
- **Eine Richtung vorgeben:** »Was ich Ihnen gerade erzählt habe, waren natürlich nur die zentralen Vorteile unseres Produkts. Es gäbe viel mehr zu sagen. Aber ich möchte es Ihnen überlassen, welche Sie speziell interessieren.«
- **Sich Zeit verschaffen, indem Sie eine Frage kurz wiederholen:** In einer großen Gruppe bedeutet das einen zusätzlichen Service, weil selten jeder den Fragenden gut versteht. Sie können versuchen, den Inhalt klarer zu fassen, um sicherzugehen, dass man sich versteht, aber formulieren Sie ihn nicht zu Ihren Gunsten um. Das erweckt Misstrauen.

- **Eine Frage weitergeben:** »Dieser Punkt ist offensichtlich ein heißes Eisen. Was denken die anderen Anwesenden darüber?« Ihre Rolle als Gesprächsleiter bleibt so unangetastet, selbst wenn die Mehrheit den Provokateur unterstützt.

Hightech und Handout: Der Medieneinsatz

Der Mensch lernt mit den Augen: Er behält 10 Prozent von dem, was er liest, 20 Prozent, von dem, was er hört, 30 von dem, was er sieht und über 50 von dem, was er hört und sieht. Diese Zahlen sprechen eindeutig für den kombinierten Einsatz von Wort und Bild. Vieles lässt sich ohne Bilder kaum ausdrücken: Wie wollen Sie zum Beispiel die neue Designlinie ohne Fotos vorstellen oder die Jahresbilanz ohne Tabellen und Diagramme? Präsentation ist Show, und der Einsatz verschiedener Medien, die das Gesagte visualisieren, gehört unbedingt dazu.

Aber auch die schönste Grafik und die gelungenste Animation haben nur den Zweck, den Inhalt Ihrer Darbietung hervorzuheben. Gerade Multimedia-Profis werden allzu leicht Sklaven der Technik, während die Skeptiker oft viel pragmatischer mit den Möglichkeiten umgehen. Scheuen Sie also nicht vor technischen Geräten zurück, weil Sie damit nicht so gut vertraut sind. Es kommt nicht darauf an, die modernsten Möglichkeiten zu präsentieren, sondern die Hilfsmittel richtig einzusetzen.

Wichtig beim Einsatz von Medien ist:

- Wählen Sie bewusst das Medium, das Ihrem Zweck dienlich ist, auch wenn Sie es vielleicht erst mühsam organisieren müssen.

MERKE: Bilder sind einprägsamer als Worte. Deshalb können falsche, ablenkende oder gehaltlose Visualisierungen den Inhalt Ihres Vortrags leicht überlagern.

- Greifen Sie unter Zeitdruck lieber auf simple Lösungen zurück, die sicher funktionieren.
- Nehmen Sie sich unbedingt die Zeit für eine Probepräsentation mit vollem Technik-Einsatz.
- Achten Sie auf Schreibfehler. Sie werden doppelt peinlich, wenn Sie minutenlang in gut lesbarer Vergrößerung zur gefälligen Betrachtung freigegeben sind.
- Für alle Projektionen brauchen Sie eine gute Leinwand. Die weiße Wand tut es in der Regel nicht.

Die magische Fünf

Orientieren Sie sich bei der Herstellung von übersichtlichen Visualisierungen an der Ziffer 5. Fünf Zeilen mit je fünf Worten sind leicht zu erfassen. Wenn Sie den Grenzwert überschreiten, sollten Sie an anderer Stelle kürzen. Bei sieben Zeilen darf jede nur zwei bis drei Worte enthalten. Wenn Sie ganze Sätze aufschreiben, sind dagegen drei Unterpunkte das Maximum. Eine gut verständliche Zahl hat nicht mehr als fünf Stellen. Kreis- oder Säulendiagramme sollten nicht mehr als fünf Sektoren haben. Gibt es mehr, dann werden die kleinen unter »Verschiedenes« zusammengefasst. Fünf Kurven sind das Maximum für ein Verlaufsdiagramm. Ab fünf Spalten wird eine Tabelle unübersichtlich.

Beachten Sie beim Einsatz von Medien in Ihrer Rede einige Regeln.

Regel 1: Wenden Sie sich beim Reden zu Ihren Zuhörern. Wenn Sie ein Gerät bedienen, eine Folie auflegen oder etwas schreiben, legen Sie eine nicht zu lange Pause ein.

Regel 2: Das Publikum braucht Zeit, eine neue Information zu verarbeiten. Auch wenn alles gut lesbar und klar verständlich ist: Erläutern Sie jede Darstellung. Ihr Publikum möchte dort abgeholt werden, wo es steht.

Regel 3: Erklären Sie nicht Ihre Hilfsmittel. Die Hilfsmittel erklären Ihre Sache. »Das ist der erste Prototyp des neuen Tandems.« nicht »Hier haben wir ein Bild, das den Prototyp des neuen Tandems auf dem Hof der Fabrik in Stendal zusammen mit der stolzen Belegschaft zeigt.«

Regel 4: Eine Darstellung bleibt so lange sichtbar, wie über das Thema geredet wird – aber nicht länger. Was abgehandelt ist, muss verschwinden. Also: Beamer und Tageslichtprojektor abschalten, beziehungsweise am Flipchart zum Deckblatt zurückblättern. Auch der helle Fleck an der Wand, den ein Tageslichtprojektor ohne Folie produziert, wirkt störend.

Regel 5: Überhäufen Sie Ihr Publikum nicht mit Material. Weniger ist oft mehr. Wenn Sie es wichtig finden, die Bilanzen der letzten zehn Jahre in Ihre Ausführung mit einzubeziehen, dann erstellen Sie eine schöne Kurve über die Bilanzentwicklung – Sie sollten aber Ihr Publikum nicht mit zehn komplizierten Tabellen quälen.

Gutmütiges Live-Medium: Das Flipchart

Kaum eine Präsentation kann ohne Flipchart bestehen: Es ist das einfachste Medium, das Sie bei einer Präsentation verwenden können – leicht zu bedienen und nahezu pannensicher. Trotzdem sollten Sie den Umgang üben und jeden Einsatz gut überlegen.

TIPP
Halten Sie den Ablaufplan Ihrer Präsentation auf dem Flip-chart fest und blättern Sie immer wieder dahin zurück, wenn Sie nicht mit dem Chart arbeiten.

Unschlagbar ist das Flipchart als Live-Medium. Wenn Sie beispielsweise mit energischer Gestik einen dicken Pfeil aufmalen, um zu zeigen, in welche Richtung sich die Firma ihrer Meinung nach bewegen muss, dann hinterlassen Sie mehr Eindruck als mit jeder Computeranimation. Die Kombination von Reden und Schreiben oder Zeichnen ist jedoch nicht ganz einfach, denn Sie wollen ja mit Ihrem Publikum sprechen, nicht mit dem Chart. Sie müssen also lernen, Ihre Live-Darstellungen auf das Wesentliche zu reduzieren und Stück für Stück zu entwickeln! »Ich werde das jetzt kurz skizzieren«, ist eine freundliche Information, die für Anfänger möglich ist. Mit wachsender Übung sieht Ihr Auftritt zum Beispiel so aus:

Rede:	»Das eigentliche Problem ist doch, meine Damen und Herren, dass unsere Produkte derzeit nur einen Wirkungsgrad von 20 Prozent haben.«
Aktion:	Umdrehen zum Flipchart.
Anschrift:	»20 %«
Aktion:	Umdrehen zum Publikum. Die linke Hand verweist auf die Zahl.
Rede:	»Das langt bei weitem nicht: Dorthin müssen wir gelangen.«
Aktion:	Umdrehen zum Flipchart.
Anschrift:	Ein steiler Pfeil nach oben und »27 %«
Aktion:	Umdrehen zum Publikum. Energische Gestik.
Rede:	»27 Prozent. Das ist die Marke, die wir erreichen müssen, wenn wir konkurrenzfähig bleiben wollen.«

TIPP

Zeichnen Sie mit dünnem Bleistift dezent vor, wenn Sie beim Skizzieren Probleme mit den Proportionen haben oder sich nicht allzu viele komplizierte Zahlen merken wollen.

In einer Zeit, in der Präsentationen technisch immer perfekter werden, sollten Sie da vorsichtig sein. Gegenüber Materialien, die am Computer erstellt werden, wirken fertige Flipchart-Bögen wenig professionell. Beachten Sie bei der Vorbereitung folgende Punkte:

Vorbereitet werden	Live ergänzt werden
Schlagwörter	Beziehungen mit Pfeilen darstellen
Listen	Kommentierende Symbole wie Plus- und Minuszeichen
Ist-Zustand	Veränderungen
Zeichnungen	Kommentare, Veränderungen oder Ergänzungen

- Ihr Schriftbild muss groß genug, klar und einheitlich sein. Stifte mit abgeschrägter Spitze ergeben ein besseres Resultat als solche mit runder, sind aber nicht so einfach zu handhaben. Kontrollieren Sie, aus welcher Entfernung Ihre Schrift noch gut lesbar ist. In großen Räumen stößt das Flipchart schnell an seine technischen Grenzen. Schreiben Sie in Druckbuchstaben mit verkürzten Ober- und Unterlängen, benutzen Sie aber die übliche Groß- und Kleinschreibung.

TIPP
Wenn Sie vermeiden wollen, Ihre schöne Skizze plötzlich mit halb eingetrockneten Stiften ausführen zu müssen, dann bringen Sie immer Ihre eigenen mit.

- Entwickeln Sie Ihren eigenen Stil. Wählen Sie eine Grundfarbe und setzen Sie ergänzende Farben überlegt ein; zum Beispiel Rot für Unterstreichungen, Grün für Pfeile. Definieren Sie, welche Dinge Sie unterstreichen, welche Sie einkreisen und welche in ein Kästchen setzen.
- Überlegen Sie, was Sie in Symbolen und Piktogrammen ausdrücken können. Arbeiten Sie mit Pfeilen, Frage- und Ausrufezeichen, Smileys, Blitzen, Strichmännchen und anderen ein-

MERKE: Langes Suchen nach dem richtigen Blatt wirkt konzeptlos! Markieren Sie deshalb vorbereitete Blätter mit einem kleinen Klebestreifen am Rand!

fachen Motiven. Aber übertreiben Sie nicht. Die Bedeutung muss stets klar sein, das Verhältnis von Wort und Bild ausgewogen.

- Testen Sie Ihre Darstellungen zu Hause. Wenn Sie mit dicken Filzstiften auf DIN A4-Papier schreiben, bekommen Sie einen realistischen Eindruck. Wichtiges gehört immer in die Mitte. Die Anordnung der Elemente muss locker und übersichtlich bleiben.
- Machen Sie einen Check vor Ort: Ein wackeliges Flipchart ohne Abreißkante oder Linierung kann für unfreiwillige Komik in Ihrer Präsentation sorgen.

Die Verwandten des Flipcharts

Wandtafeln sind in großen Räumen meist etwas besser lesbar – vorausgesetzt, Sie können mit der Kreide umgehen. Dafür ist der zur Verfügung stehende Platz begrenzt. Tafelwischen während einer Präsentation sollten Sie sich lieber nicht antun.
Whiteboards sind eine moderne Variante der Wandtafel. Die Oberfläche aus weißem Kunststoff ist leichter zu reinigen und oft noch magnetisch. Sie wird mit Spezialstiften beschrieben.
Copyboards sind Whiteboards mit Sensoren in der Oberfläche. Die Tafelbilder können in ein Notebook eingelesen oder über einen Drucker ausgedruckt werden.
Pinnwand und **Plakat** sind besonders geeignet, Beiträge der Teilnehmer auf angepinnten oder aufgeklebten Kärtchen zu visualisieren. Sie können aber auch eine Darstellung mit vorbereiteten Elementen langsam aufbauen. Da meist mit kräftigen, bunten Farben gearbeitet wird, wirken diese Medien besonders emotional.

Nicht ganz einfach, aber praktisch: Folien und Tageslichtprojektor

Der Tageslichtprojektor ist ein zweischneidiges Medium. Wie viele Referenten haben schon verzweifelt nach dem Anschaltknopf gesucht, mit herunterklappenden Umlenkspiegeln gekämpft oder sind Opfer durchgebrannter Glühbirnen geworden? Wie viele Zuhörer sind andererseits schon mit Bergen schlecht lesbarer und völlig überladener Folien gequält worden? Trotzdem greifen die meisten Präsentatoren immer wieder auf das Gerät zurück, weil es – richtig eingesetzt und gründlich getestet – wirklich zweckmäßig ist.

Besonders gut eignet sich der Tageslichtprojektor zur Präsentation von Diagrammen. Sie können Entwicklungen und Vergleiche besonders anschaulich machen, wenn Sie die einzelnen Elemente (Balken, Kreissegmente, Kurven) nach und nach ergänzen, indem Sie mehrere Folien aufeinander legen (Overlay-Verfahren). Um schnell und passgenau umzublättern, kleben Sie die Folien an einer Kante mit durchsichtigem Klebeband zusammen.

TIPP
Wenn Sie zum Beispiel den Schwund an Insektenarten in den Elbauen illustrieren wollen, können Sie das Overlay-Verfahren natürlich auch umgekehrt anwenden.

Etwas Zurückhaltung ist beim Abdeckverfahren angebracht! Wenn Sie Ihre Darstellung mit Papier abdecken und nur Stück für Stück sichtbar machen, fühlen sich die Zuhörer leicht an die Schule erinnert und bekommen das Gefühl, Ihnen solle etwas vorenthalten werden. Setzen Sie diese Methode deshalb nur dort ein, wo sie wirklich sinnvoll ist, zum Beispiel bei Tabellen und decken Sie eine Folie zum Schluss immer komplett auf.

Auch handgemalte Folien sollten Sie lieber vermeiden. Der Tageslichtprojektor enthüllt gnadenlos jede Ungenauigkeit. Erstellen Sie alle Ihre Folien am Computer. Sie brauchen dazu kein Medienprofi sein. Ein marmorierter Hintergrund oder 3-D-Ansichten stören meist nur. Ihr Publikum soll nicht beeindruckt den Atem anhalten, wenn sie eine Folie auflegen, sondern schnell und klar erfassen, worum es geht. Bei einem zu perfekten Styling wird man vielleicht sogar vermuten, dass die Darstellung gar nicht von Ihnen stammt. Das schwächt Ihre Kompetenz als Präsentator. Arbeiten Sie lieber mit einem einfachen Text- oder Graphikprogramm und planen Sie genug Platz ein, um während der Präsentation handschriftlich Knackpunkte zu markieren, Zahlen zu ergänzen oder Beziehungen deutlich zu machen.

TIPP

Benutzen Sie keine wasserlöslichen Stifte, da diese leicht verschmieren. Stecken Sie Ihre Folien lieber in Schutzhüllen (Flip-Frames), die Sie nach Belieben beschriften können.

Natürlich können Sie auch fertige Folien von anderen verwenden. Nutzen Sie diese aber zurückhaltend und überlegt. Niemand wird etwas dabei finden, wenn Sie anhand einer Darstellung des Statistischen Bundesamts den Rückgang der Großfamilie aufzeigen. Vermeiden Sie Fremd-Logos. Wenn Ihr Publikum zum Beispiel nur die mittlere Spalte einer Tabelle beachten soll, dann schließt es mit Recht, dass Ihnen die Tabellenspalte keine eigene Folie wert war. Sie kann folglich nicht so wichtig sein.

Achtung Panne!

- Testen Sie, wo Sie sich hinstellen müssen, damit das Gerät nicht zwischen Ihnen und Ihrem Publikum steht.
- Nummerieren Sie Ihre Folien und halten Sie sie in der richtigen Reihenfolge bereit. Verwenden Sie nicht mehr als drei Folien pro Minute.
- Üben Sie Ihren Folienvortrag unbedingt in der Praxis. Selbst die einfachste Darstellung lässt sich unendlich breit reden, ohne dass der Präsentator das selbst bemerkt.

Alles ist möglich: Computerpräsentationen

Mit dem Computer eröffnet sich für den Präsentator das Reich der unbegrenzten Möglichkeiten. Alles, was er auf seinem Notebook hat, kann an die Wand projiziert werden. Das Live-Surfen im Internet ist damit ebenso möglich wie die tollsten Grafiken und Animationen. Außerdem hat der Referent jederzeit Zugang zum gesamten Material auf seiner Festplatte. Kein Problem also, auf besonderen Wunsch eine bestimmte Tabelle herauszusuchen – vorausgesetzt, man hat seine Daten gut geordnet.

TIPP
Achten Sie darauf, dass Ihnen der Computer nicht die Show stiehlt.

Das vielleicht größte Problem dabei ist, dass der Computer dem Präsentator leicht die Show stehlen kann. Wenn Sie auf dem Flipchart schreiben, ja selbst, wenn Sie eine Folie auflegen, bleiben Sie für Ihr Publikum der Handelnde. Wenn Ihr Computerprogramm Elemente in eine Grafik einfügt, dann müssen Sie aufpassen, nicht plötzlich abgemeldet zu sein.

So bleiben Sie im Rampenlicht:

- Verschanzen Sie sich nicht hinter Ihrem Notebook. Geben Sie Ihre Signale mit einer Funkmaus. Das braucht Übung. Die Alternative ist ein Helfer, der eingewiesen ist und das Notebook bedient.
- Begrüßen Sie Ihr Publikum persönlich und ohne technische Unterstützung. Schalten Sie erst danach die Geräte an. Legen Sie mehrere »Computer-Pausen« ein.
- Wechseln Sie das Medium. Wenn Sie Ihr Publikum zum Mitmachen aktivieren wollen, wirken Sie auch im Computer-Zeitalter mit einer Anschrift am Flipchart dynamischer und authentischer.
- Seien Sie vorsichtig mit fertigen Animationen, Cliparts und anderen Gags. Meist ist das, was kostenlos und leicht zugänglich ist, auch schon abgedroschen.

Grund für Angst gibt es aber nicht. Wer mit Word umgehen kann oder ins Internet findet, kann auch den Umgang mit Präsentationsprogrammen wie PowerPoint ohne viel Mühe lernen. Für die Herstellung von Computer-Darstellungen gelten keine anderen Regeln als für die herkömmlicher Folien. Die Aufnahmefähigkeit Ihres Publikums steigt nicht, nur weil die technischen Möglichkeiten sich erweitert haben. Grundsätzlich gilt: Alles möglichst einfach halten!

TIPP
Stellen Sie nicht die Technik in den Mittelpunkt der Präsentation. Die Technik ist nur Ihr Hilsmittel, das unauffällig Ihre Sache unterstützt.

- Benutzen Sie keine Effekte, nur um einen Effekt in Ihrer Präsentation zu zeigen. Jedes Drehen oder Blinken muss einen Sinn haben.
- Gestalten Sie Ihre Computerpräsentation so, dass Elemente immer aus der gleichen Richtung erscheinen. Verwenden Sie ein durchgehendes Design.
- Die Menüleisten der Computeroberfläche wirken ablenkend. Die eigentlichen Darstellungen müssen also eher noch übersichtlicher sein als bei Folien.
- Strapazieren Sie die Geduld Ihrer Zuschauer nicht mit Darstellungen, die sich nur langsam aufbauen.
- Unterhalten Sie Ihr Publikum nie mit der spannenden Frage, wie gut Sie live tippen können.

Als Projektionsgerät für Ihre Daten vom Computerbildschirm können Sie verwenden

- einen Multimedia-Datenprojektor (»Beamer«),
- einen Aufsatz (LC Display) für den Tageslichtprojektor,
- einen Fernseher mit Decoder,
- eine Multivisionswand,
- eine fest installierte Videokamera, die auf den Bildschirm gerichtet ist.

Wichtig ist, dass die einzelnen Geräte zusammenpassen. Holen Sie sich Hilfe beim Experten, wenn Sie in diesem Bereich nicht so fit sind. Die Haltung »Es wird schon gehen.« garantiert größere und kleinere Pannen. Je aufwändiger Ihr Technikeinsatz ist, desto kritischer wird Ihr Publikum auch Ihre Fehler beurteilen. Ein Beamer beispielsweise mit schwacher Auflösung ist objektiv nicht Ihre Schuld. Doch das Publikum wird nur den Qualitätsmangel zur Kenntnis nehmen und Ihnen zur Last legen.

Live ins Netz!

Ein Abstecher ins Internet wird Ihr Publikum immer faszinieren. Aber er muss natürlich sachlich begründet sein. Überprüfen Sie unbedingt kurz vorher noch einmal, ob die Seite wirklich zugänglich ist. Speichern Sie die richtige Web-Adresse ein, sodass Sie sie nur anzuklicken brauchen. Und lassen Sie sich von Ihrem Publikum nicht zum wilden Surfen verführen!

Voll emotional: Dias und Film

Nichts spricht unsere Gefühle so sehr an wie Bilder. Gute Bilder werten jeden Vortrag auf. Allerdings sind sie nicht einfach zu präsentieren. Grundsätzlich haben Sie mehrere Möglichkeiten. Sie können Fotos auf Folie kopieren, auf Plakate kleben oder vom Computer aus projizieren. Aber keine dieser Möglichkeiten kommt an die Brillanz von Dias heran.

Manche Referenten lieben Dias und zeigen so viele davon, bis auch der letzte Zuschauer eingeschlummert ist. Andere hassen den Zwang zur Verdunkelung und den Kampf mit klemmenden Magazinen und verzichten lieber darauf. Sie sollten sich vorher genau überlegen, ob sich der Aufwand lohnt und ob Ihre Informationen durch die Dias bekräftigt werden.

Manche Fotos sind im Rahmen einer Computerpräsentation besser aufgehoben. Ein Blick in einen offenen Motor mag vielleicht zur technischen Erklärung sehr wertvoll sein, rechtfertigt den Medienwechsel aber nicht. Dieser kostet nicht nur Zeit, sondern erzeugt auch eine Spannung beim Publikum. Die darf nicht mit einem mäßig attraktiven Bild enttäuscht werden. Attraktive Fotos, die Emotionen ansprechen sollen, präsentieren Sie dagegen so gut wie möglich. Wenn Sie zum Beispiel einen besseren Schutz vor Tankerunglücken fordern, dann muss der Ölfilm an den Badestränden so richtig schmierig und schwer erscheinen.

TIPP

Versuchen Sie, Dias aus dem Gedächtnis zu kommentieren! Jede noch so kleine Lichtquelle lenkt von den Bildern ab!

Doch auch hier gilt: Weniger ist mehr! Wenn Sie sich auf die besten Bilder beschränken, schläft keiner ein und Sie behalten das Heft in der Hand.

Wenn Ihnen nun aber ein Starfotograf zwei Magazine voller Bilder von den ölverschmierten Stränden überlassen hat?

Es gibt zwei Möglichkeiten damit umzugehen:

Sie wählen trotz allem die besten Bilder aus und lassen sie dafür länger wirken.

Oder Sie zeigen die Bilder sehr schnell hintereinander und reden dabei möglichst gar nicht. Die Faszination der virtuellen Welt im »Herr der Ringe« beruht unter anderem darauf, dass die Kinobesucher keine Zeit haben, sich an den Bildern wirklich satt zu sehen. Diesen Trick können Sie auch bei sehr aussagekräftigen, emotionalen Bildern anwenden.

Dies alles, was für Bilder gilt, trifft noch stärker auf Filme zu: Beim Dia-Vortrag bleiben Sie in der Regel durch Ihre Stimme präsent. Die meisten Filme haben Ton. Sie überlassen für eine begrenzte Zeit die Bühne einem Hilfsmittel. Danach müssen Sie die Aufmerksamkeit Ihres Publikums erst einmal neu erobern. Außerdem wird der Film in der Regel nicht speziell für Ihren Zweck hergestellt worden sein. Das bedeutet: Manche Informationen sind überflüssig und lenken ab. Prüfen Sie also sorgfältig, ob der Film wirklich so gut ist, dass er Ihren Vortrag bereichert und mehr gibt als nimmt. Diese Probleme umgehen Sie, wenn Sie über Computersoftware verfügen, mit der Sie beliebig kleine Schnipsel aus Filmen ausschneiden und in Ihre Präsentation einfügen können.

MERKE: Am schönsten ist immer noch die »Kinosituation« – im Dunkeln und mit richtigem Film. Aber hören Sie auf, bevor Ihr Publikum Bier und Erdnussflips vermisst.

Der Spieltrieb wird geweckt – Muster und Gegenstände

Alle Menschen bleiben Kinder! Am schönsten sind immer noch die Dinge, die sie selbst anfassen dürfen. Bringen Sie also einen Gegenstand, über den Sie sprechen, oder ein Muster davon mit. Es besteht allerdings die Gefahr, dass sich die Zuhörer nun nur für den Gegenstand und nicht mehr für Ihren Vortrag interessieren. Wenn Sie während Ihres Vortrages einen Gegenstand durch die Reihen wandern lassen, dann sind ungefähr sieben Leute unaufmerksam: Derjenige, der ihn gerade weitergibt, der, der ihn bekommt, und fünf weitere, die darauf warten, ihn bald zu bekommen.

Zur Nachbereitung: Handouts

Auch wenn Ihre Zuhörer konzentriert und voller Interesse lauschen: Meistens sind sie dankbar, wenn sie wichtige Informationen zum Nachlesen mit nach Hause bekommen. Handouts sind umso nützlicher, je mehr Ihre Präsentation auf präzisen Daten und Zahlen beruht. Allerdings sollte ein Handout keine Kopie

Ihres Vortrags sein, sondern einen Zusatznutzen bieten. Der Zuhörer darf beim Durchschauen nicht das Gefühl bekommen, den Inhalt schon zu kennen.

In ein Handout gehören:

- eine kurze Zusammenfassung mit den zentralen Thesen,
- besonders wichtige oder komplexe Details und Darstellungen aus dem Vortrag,
- Ergänzungen, zum Beispiel Informationen über Literatur und Untersuchungen, auf die Sie sich beziehen, oder Tabellen mit mehr Details.

TIPP
Wenn Sie Handouts an Kunden weitergeben, achten Sie darauf, dass die Unterlagen ein komplettes Bild der Sache vermitteln.

Meistens werden Sie Ihr Handout erst nach der Präsentation verteilen. Es soll Ihr Publikum nicht vom Zuhören ablenken. Erwähnen Sie aber, dass bestimmte Darstellungen etwas komplexer und im Handout zu finden sind. Das entspannt die Zuhörer.

Pressemappen

Eine Sonderform des Handouts sind Pressemappen. Wenn Journalisten an Ihrer Präsentation teilnehmen, sollten Sie diesen besondere Aufmerksamkeit widmen. Ein vorgedruckter Pressetext reicht nicht. So etwas übernehmen höchstens kleiner Medien mit sehr begrenztem Etat und wenig Personal. Journalisten, die etwas auf sich halten, werden – auch wenn Ihre Darstellung gut und überzeugend ist – ihren eigenen Text schreiben und wenigstens das eine oder andere nachrecherchieren. Dabei können Sie ihnen helfen.

Eine Pressemappe sollte enthalten:

- eine gut geschriebene Zusammenfassung der Präsentation ohne Eigenwerbung;

- Informationen über das Unternehmen oder die Institution – liefern Sie aber Fakten, keine schön klingenden Imagebroschüren ohne viel Substanz;
- Bilder, Grafiken und Tabellen in verwertbarer Form mit ausdrücklicher Genehmigung zum Abdruck;

TIPP
Sie können nicht nur Papier aushändigen, sondern auch Muster, Modelle oder Bilder.

- Ansprechpartner für Nachfragen mit Telefonnummer, E-Mail und genauer Funktionsbezeichnung;
- Hintergrundinformationen: Wenn zum Beispiel die Ergebnisse einer australischen Forschungsarbeit für Ihre Argumentation eine zentrale Rolle spielen, dann sollten Sie den Journalisten diese Arbeit zugänglich machen – als Kopie, per CD-ROM oder über eine Internet-Adresse.

TIPP
Bei Handouts kommt es nicht auf die Masse, sondern auf die Qualität an.

Verpflegung hält Geist und Seele zusammen

Stellen Sie sich folgende Situation vor: Im Nebenraum lockt das Buffet, aber Sie müssen noch etwas über Verwaltungsvorschriften erzählen. Ihr Publikum träumt von Schweinshaxen und Mousse au Chocolat und Ihnen ist klar, dass Sie in den nächsten Wochen jede Menge Ärger bekommen, weil keiner sich an Ihren Vortrag und die wichtigen Vorschriften erinnert? Also Schluss mit der Völlerei? In Zukunft wird gearbeitet, nicht gegessen!

Auch hier gilt wieder: Alles, was das Ziel der Präsentation unterstützt, ist gut, alles, was ablenkt, schlecht.

- Kaffee und kalte Getränke werden ganz oft als selbstverständlich angesehen. Ein Kunde, der nicht ein Mindestmaß an Bewirtung angeboten bekommt, ist leicht verstimmt. Vor allem dann, wenn er akut durstig, hungrig oder koffeinbedürftig ist.
- Achten Sie auf den Tagesablauf Ihrer Gäste. Wenn Ihre Veranstaltung mit den üblichen Essenszeiten kollidiert, ist eine Bewirtung angesagt. Sie können niemanden von 18–21 Uhr zu einer Präsentation bitten und ihn dann hungrig nach Hause schicken. Einem Kunden, der um die Mittagszeit in Ihre Firma kommt, sollten Sie zumindest einen anschließenden Besuch der Kantine anbieten.
- Informieren Sie Ihre Gäste, was sie an leiblichen Genüssen erwartet. Nicht nur das Buffet gehört angesagt, sondern auch die Getränke in der Pause. Halten Sie die versprochenen Zeiten auch ein.

- Bieten Sie Getränke vor der Präsentation an. Flaschen und Thermoskannen auf dem Tisch stören sowohl den freien Blick als auch die Konzentration. Der, der sich gerade bedient, hört nicht zu. Auch die Aufmerksamkeit der anderen wird nicht gefördert, wenn rundherum ständig Öffner angefordert werden, Verschlüsse zischen und Flüssigkeiten in Gläser gluckern.

- Stellen Sie unbedingt sicher, dass keine Küchen- oder Kaffeedüfte Ihre Präsentation stören. Auch das Buffet sollte so aufgebaut werden, dass kein Teilnehmer es vorher zu Gesicht bekommt!

- Wählen Sie die Verpflegung passend zum Anlass. Wenn Sie eine sehr feierliche Präsentation haben, dann sollte auch die Bewirtung etwas Besonderes sein. Achten Sie eher auf Aussehen und Qualität als auf Menge. Die meisten Buffets sind überdimensioniert. Wenn hinterher mehr als die Hälfte übrig bleibt, dann wirkt das protzig – auch dann, wenn die Qualität eher bescheiden war. Ihre Gäste wollen verwöhnt, nicht abgefüllt werden.

- Unterschätzen Sie nicht die Verlockung, die eine gute Bewirtung bedeutet. Die Entscheidung, zu einer Veranstaltung zu gehen oder nicht, wird durchaus gelegentlich durch den Zusatz »mit anschließendem Buffet« beeinflusst.

MERKE: Sie selbst sollten Ihre Präsentation weder zu nüchtern noch mit vollem Bauch halten. Sowohl Hunger wie Völlegefühl können nicht nur peinliche Geräusche hervorrufen, sondern stören auch die Konzentration!

Lassen Sie Ihren Gästen bei der Verpflegung den Vortritt, das ist nicht nur ein Gebot der Höflichkeit, sondern auch ein wichtiger Grundsatz, damit Sie als »Gastgeber« alles im Auge behalten können und nicht abgelenkt sind. Hier macht sich ein kleiner Imbiss vor der Präsentation bezahlt.

Etwas fürs Auge – Schaubilder

Schaubilder (Diagramme) sind eine Mischform zwischen Bild und Text. Informationen, die nicht wie Gegenstände einfach abgebildet werden können, werden grafisch aufbereitet. Manche Darstellungen wie das Textdiagramm enthalten noch recht viele Wörter, andere wie das Logo kaum mehr welche.

- Gestalten Sie Diagramme so einfach wie möglich. Jedes Element sollte einen klaren Zusatznutzen haben. Wenn Sie zum Beispiel die Entwicklung der Schulden in Deutschland mit einer Darstellung des Bundesadlers schmücken, dann wirkt das erklärend und emotionalisierend. Dagobert Duck, der mit Geld um sich wirft, lenkt eher ab.

TIPP

Tabellen werden leicht zu Zahlenfriedhöfen! Fast immer lassen sich die Werte viel besser mit einem Diagramm darstellen.

- Nutzen Sie die technischen Möglichkeiten, Säulen und Kurven Stück für Stück aufzubauen. Beim Computer geht das ganz leicht, beim Tageslichtprojektor arbeiten Sie mit dem Overlay-Verfahren oder zeichnen Kurven live in ein vorbereitetes Raster.
- Dreidimensionale Darstellungen sehen attraktiv aus, verzerren aber die Perspektiven. Bei Tortendiagrammen erscheinen die vorderen Stücke gewichtiger. Säulen werden entweder aus der Vogel- oder Froschperspektive dargestellt, was Sie flacher oder mächtiger erscheinen lässt.
- Arbeiten Sie innerhalb von Diagrammen mit Zeichnungen. Stellen Sie zum Beispiel den Zuwachs der Windkraft mit verschieden großen Windrädern dar. Allerdings manipulieren Sie damit. Die größeren Windräder werden nicht nur höher, sondern auch breiter, sodass sie im Vergleich mächtiger erscheinen, als die Zahlen es eigentlich hergeben.
- Jede Darstellung bekommt eine Überschrift.

Mit Bildern arbeiten

Bilder können mehr als abbilden. Nutzen Sie diese visuelle Aussagekraft für Ihre Präsentation:

- **Karikaturen** überspitzen einen Sachverhalt. Außerdem lockert der witzige Aspekt die Stimmung auf.
- **Skizzen** vereinfachen. Man braucht kein Zeichentalent, um sie herzustellen.
- **Symbole** oder **Piktogramme** drücken in einem stilisierten Bild ohne Worte komplexere Information aus.
- **Logos** zeigen: Hier geht es um eine Firma oder ein Ereignis, zum Beispiel Fußball-Weltmeisterschaft.
- **Comics** erzählen eine Geschichte und machen Spaß.

Textdiagramme

Ein Textdiagramm setzt einen Begriff mit grafischen Elementen in Beziehung zueinander. Sie können damit komplizierte Abläufe transparent machen (Flussdiagramm), Strukturen oder Organisationsformen darstellen (Organigramm), Abhängigkeiten und Einflüsse erläutern.

- Ein Pfeil drückt Einfluss aus oder eine Konsequenz. Eine Bezeichnung kann dies präzisieren.
- Ein Pfeil mit zwei Enden steht für Wechselwirkungen.
- Überschneidende Kreise zeigen Gemeinsamkeiten.
- Durchgezogene Linien trennen.
- Klar gegliederte Ebenen stellen Hierarchien dar.

MERKE: »Anstrengung« ➠ »Erfolg« ist zum Beispiel eine Textvisualisierung, die den Satz »Je mehr wir uns anstrengen, desto mehr Erfolg werden wir haben« anschaulich unterstützt. Den ganzen Satz aufschreiben und dann vorlesen, ist nicht nötig.

Verteilungsdiagramme

Prozentuale Größenverhältnisse werden meist mit einem Kreisdiagramm dargestellt.

- Die Einteilung beginnt immer oben in der Mitte (12-Uhr-Linie) und setzt sich der Größe nach im Uhrzeigersinn fort.
- Kreisdiagramme werden nur für größere Mengen verwendet. Wenn Sie nur acht Leute befragt haben, dann ist eine Darstellung der Ergebnisse mittels Kreisdiagramm (»50 % Zustimmung«) eine grobe Täuschung.
- Wenn Sie einen Sektor betonen wollen, dann können Sie ihn optisch etwas herausheben.

Beispiel für ein Kreisdiagramm:

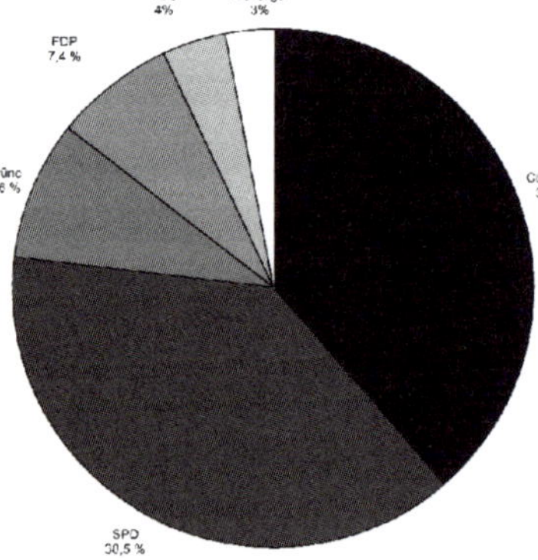

MERKE: Kreisdiagramme signalisieren Stabilität und Geschlossenheit. Sie können damit zeigen, dass der Anteil der Single-Haushalte in der Gesellschaft wächst, aber Sie werden dieser Aussage mit einem Kreisdiagramm keine Dramatik verleihen.

Eine Variante ist das Summen-Säulendiagramm. Dafür schichten Sie die einzelnen Segmente übereinander. Solche Säulen sind anschaulicher und sparen Platz, wenn Sie mehrere Datensätze miteinander vergleichen wollen.

TIPP
Summen-Säulendiagramme können Sie auch mit absoluten Zahlen gestalten!

Beispiel für ein Summen-Säulendiagramm:

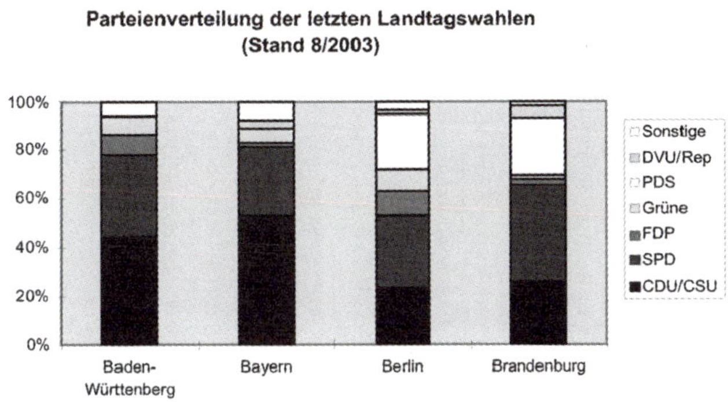

Verlaufsdiagramme

Mit Verlaufsdiagrammen veranschaulichen Sie quantitative Entwicklungen. Auf der waagrechten Achse wird immer die Ursache dieser Entwicklung dargestellt, meist die Zeit, auf der senkrechten der Effekt, zum Beispiel das Wachstum. Sie können den Verlauf entweder durch fließende Kurven, Treppen oder Säulen darstellen.

Beispiel für ein Verlaufsdiagramm:

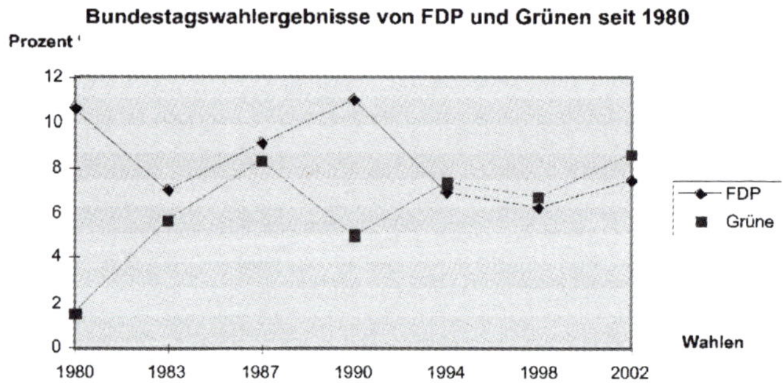

Beispiel für ein Säulendiagramm:

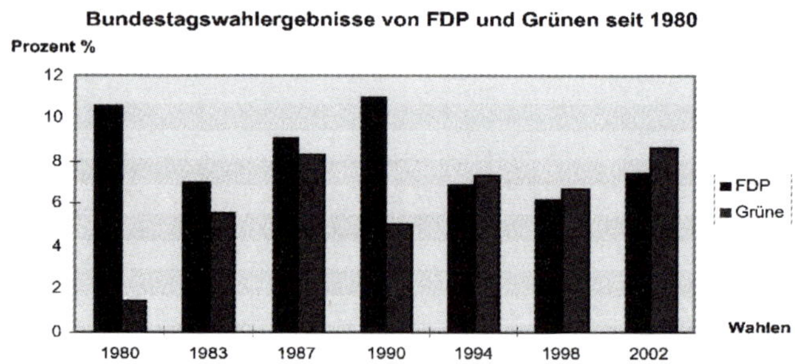

MERKE: **Manipulieren Sie nicht. Bei einem seriösen Verlaufsdiagramm sind die Abstände gleichmäßig und der Nullpunkt liegt auf dem Schnittpunkt der Achsen.**

Vergleichsdiagramme

Mit verschieden langen Balken können Sie absolute Werte gut miteinander vergleichen. Der Nullpunkt liegt entweder am linken Rand oder – wenn Sie auch negative Werte darstellen wollen – an einer deutlich bezeichneten Achse. Alternativ zu den horizontalen Balken können Sie auch vertikale Säulen benutzen.

Beispiel für ein Vergleichsdiagramm:

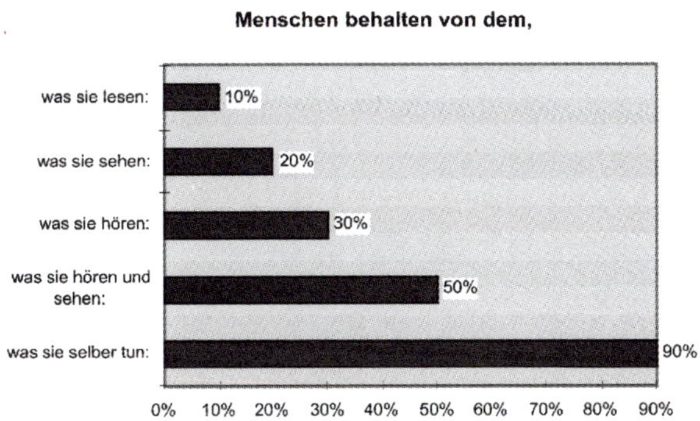

Fazit

Ihre Leitfrage für die Aufbereitung Ihres Präsentationsmaterials lautet: Wie kann ich die Fakten für meine Zuhörer noch verständlicher, anschaulicher und lebendiger gestalten? Ihr Publikum soll Ihnen mit möglichst wenig Anstrengung und möglichst viel Vergnügen zuhören, natürlich ohne dass dabei Inhalt und Ziel bloß der Show geopfert werden.

Pausen richtig setzen

Zeit ist kostbar und meistens knapp. Selten wird auf einer Tagung der Zeitplan eingehalten. Meistens opfern wir dann die Pausen. Schließlich ist man wegen der Inhalte zusammengekommen, nicht wegen des Buffets.

Doch das ist falsch, da die menschliche Aufmerksamkeit begrenzt ist. Irgendwann geht es nicht mehr. Wir versuchen zwar noch, dem Vortrag zu folgen, doch am nächsten Tag können wir uns kaum noch an etwas erinnern. Solche Dinge sind Zeitvergeudung. Es wäre viel effektiver, die Vorträge zu straffen.

Pausen haben vielfältige Funktionen. Sie geben Gelegenheit

- sich zu erholen,
- Hunger und Durst zu befriedigen,
- die Toilette aufzusuchen,
- zu rauchen,

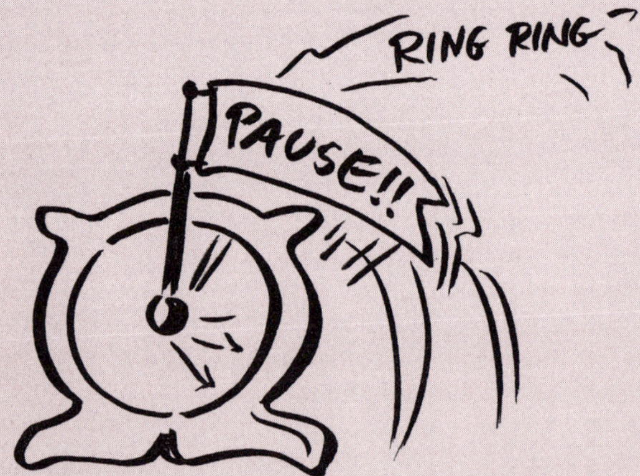

- dringende Angelegenheiten, zum Beispiel ein Telefongespräch, zu erledigen,
- einander kennen zu lernen,
- dem Referenten Fragen zu stellen,
- ausgehändigte Unterlagen zu studieren,
- Fragen für die anschließende Diskussion zu überlegen.

TIPP
Zwischen 10 und 13 Uhr, beziehungsweise 15 und 17 Uhr arbeitet unser Gehirn am aktivsten. Hier sind Pausen nicht ganz so dringend wie in den übrigen Zeiten.

Als Referent planen Sie zum Beispiel Pausen,

- wenn die Präsentation lange dauert. Nach 30 Minuten lässt die Konzentration nach. Am besten legen Sie jetzt, spätestens aber nach 45 Minuten, eine Pause ein. Geben Sie den Teilnehmern genug Zeit! Fünf Minuten stellen weder die Raucher zufrieden, noch sind in dieser Zeit die Schlangen vor dem Damenklo abgebaut! Eine viertel Stunde ist besser.
- wenn Sie vor der anschließenden Diskussion eine Zäsur setzen wollen. Ihre Zuhörer bekommen Zeit, sich vorzubereiten. Vor allem im Gespräch miteinander ergeben sich Fragen und Ideen. Sie selbst erhalten einen ersten Eindruck, in welche Richtung das Interesse geht. Außerdem können Sie im kleinen Kreis zwei Problemgruppen bedienen: die Übereifrigen, die es gar nicht erwarten können, ihren eigenen Senf zum Thema zu geben, und die Schüchternen, die vor versammelter Zuhörerschaft nicht wagen, das Wort zu ergreifen.
- wenn Sie einen Gegenstand oder ein Modell vorstellen.Die Pause wird dann Teil der Präsentation. Sie stellen den Gegenstand vor, wecken die Neugier, geben dann Gelegenheit zum direkten Anfassen und bitten anschließend zum Austausch.

Spontane Pausen setzen Sie,

- wenn Sie bemerken, dass das Publikum müde wird und eine nötig hat,
- wenn Sie eine Panne überbrücken müssen.

Eine gute Figur machen – Der Auftritt

Sie sind vorbereitet. Jetzt gilt es, Ihren Auftritt genauso kompetent und überzeugend zu gestalten. Denn wenn Worte und Erscheinung auseinander fallen, dann neigen die meisten Menschen dazu, dem zu glauben, was Sie sehen. Präsentieren Sie sich also so gut wie möglich.

Keine Experimente – Die Kleiderordnung

Wenn jemand Sie nach dem Vortrag fragt, wo Sie Ihren schicken Blazer gekauft haben, dann waren Sie falsch angezogen. Andererseits sollten Sie natürlich auch nicht zu unauffällig daherkommen. Damit ist nicht die sprichwörtliche graue Maus gemeint. Denn die würde in einer Riege junger, dynamischer Anzug- und Kostümchenträger durchaus auffallen – wenn auch nicht positiv. Unauffällig heißt, dass Sie sich nicht von Ihren Vorrednern abheben. Wenn ein Referent nach dem anderen die Individualität eines Models aus dem Versandhauskatalog ausstrahlt, werden die Zuhörer ihre Sympathien lieber dem kauzigen Rebellen im Strickpullunder zuwenden.

Vorurteile vermeiden!

Bestätigen Sie mit Ihrem Outfit keine Klischees. So sollte sich die Referentin über Biologische Ernährung im Idealfall etwas schicker kleiden und nicht den weiten Pullover aus ungefärbter Wolle tragen.

TIPP

Passen Sie sich – sofern es nicht aufgesetzt wirkt – dem Outfit Ihrer Zuhörer an!

Greifen Sie trotzdem nicht zum Strickpullunder. Idealerweise sollte Ihr Publikum nach Ihrem Vortrag überhaupt nicht wissen, was Sie getragen haben, Sie aber vom ersten Augenblick an als sympathische Persönlichkeit eingestuft haben. Überlegen Sie also, wie Sie auf angemessene, dezente Art Ihre persönliche Note verwirklichen.

So wählen Sie richtig:

- Vermeiden Sie alles, was bei Ihnen körperliches oder seelisches Unwohlsein hervorruft. Tragen Sie nichts, was Ihre Bewegungen und die freie Atmung behindert. Ihre Kleidung darf Sie selbst genauso wenig ablenken wie Ihr Publikum.
- Zu viel Haut wirkt anstößig. Tragen Sie auch im Hochsommer geschlossene Schuhe und blickdichte Strümpfe. Frauen bedecken immer die Schultern, achten auf ein dezentes Dekolletee und tragen keine zu kurzen oder zu engen Röcke.

- Vermeiden Sie auffälligen Schmuck, grelles Make-up und extravagante Krawattenmuster.
- Wählen Sie Farben bewusst. Ein blaues Sakko wirkt sicherlich dynamischer als ein anthrazitfarbenes. Aber Sie müssen der Typ dafür sein. Ihre Kleidung darf nicht im Widerspruch zu Ihrer sonstigen Erscheinung stehen. Wählen Sie im Zweifelsfall immer die konservativere Lösung.
- Benutzen Sie nicht zu viel Deo oder Parfüm gegen möglichen Angstschweiß. Auch der schönste Duft sollte unauffällig bleiben.
- Achten Sie darauf, dass Ihre Kleidung keine Flecken hat, die Brille geputzt ist, die Frisur sitzt, die Fingernägel sauber sind und das Make-up nicht zerläuft. Solche Kleinigkeiten rufen einen besonders schlechten Eindruck hervor.

MERKE: Je höher Sie in formalen Hierarchien stehen, desto wichtiger ist auch der entsprechende Dresscode.

Das wichtigste Instrument – Die Stimme

Glauben auch Sie, dass Ihre Stimme sich grässlich anhört, mit Mikro noch schlimmer wird und todsicher auf der Bühne versagen wird? Das stimmt sicherlich nicht. Sie brauchen kein geschultes Organ, um einen guten Vortrag zu halten. Sie müssen nur ein paar Dinge beherzigen und in erster Linie Ruhe bewahren!

Immer schön langsam

Das größte Problem untrainierter Sprecher ist, dass sie zu schnell, zu leise und zu undeutlich reden. In diesem Punkt gehen die Eigen- und die Fremdwahrnehmung stark auseinander. Wir haben das Gefühl, viel lauter, langsamer und deutlicher zu sein, als unser Publikum uns wahrnimmt. Wenn die Zuhörer endlich zufrieden sind, haben viele Redner das Gefühl peinlich langsam und mit theatralischer Überbetonung zu brüllen.

Die Grundlage einer professionellen Sprechausbildung ist das richtige Atmen. Profis atmen bis tief in den Bauch hinunter und sprechen dann beim Ausatmen. Während des Einatmens entsteht eine winzige Pause. Die Zuhörer nehmen diese gar nicht bewusst wahr, empfinden sie aber als angenehm, weil sich das Gehörte setzen kann. Die Stimme der Profis steigt bis ungefähr zur Mitte des Satzes an. Dem Publikum wird so Spannung signalisiert. Am Ende fällt sie wieder ab, was der Aussage Gewicht verleiht. Jeder Satz wird dadurch klar gegen den anderen abgegrenzt. Aufgeregte Laien dagegen machen den Fehler, dass sie einen Satz ohne erkennbare Pause an den anderen hängen. Wenn sie dann merken, dass ihr Publikum abschaltet, werden sie immer noch schneller. Dabei bräuchten die überforderten Zuhörer nur ein bisschen Zeit zum Nachdenken.

TIPP
Das Wichtigste ist: Ruhe bewahren! Langsam sprechen! Bei Unsicherheit durchatmen!

Sicherheit gewinnen

So erlangen Sie Sicherheit:

- Eine halbe Stunde laut zu reden sind viele Menschen nicht gewohnt. Nutzen Sie jede Gelegenheit zum Üben. Wer seinen Kindern Gute-Nacht-Geschichten vorliest, hat zudem noch ein gnadenloses Publikum, das ihm alle Untugenden sehr schnell austreiben wird.
- Trainieren Sie Ihre Atmung. Richtiges Atmen verbessert Ihre Stimme. Legen Sie sich auf den Rücken und ein schweres Buch auf Ihren Bauch. Atmen Sie so tief wie möglich und spüren Sie, wie das Buch sich hebt.

- Machen Sie Tonaufnahmen, um Ihre Technik zu kontrollieren. Aber lassen Sie sich nicht davon irritieren, dass Ihnen Ihre Stimme nicht gefällt. Das geht selbst den besten Profis so. Wir erleben beim Sprechen die Resonanz unserer Stimme ganz anders als vom Band.
- Ziehen Sie eine Rhetorik-Schulung in Erwägung. Professionelles Reden wird im beruflichen Alltag immer wichtiger. Kurse gibt es auch bei den örtlichen Volkshochschulen.
- Singen Sie vor Ihrer Rede. Das bringt Ihre Stimme in Schwung. Oder deklamieren Sie irgendetwas, ohne nachzudenken.
- Vermeiden Sie vor einer Rede alles, was die Stimme anstrengt. Zigaretten und trockene Luft reizen die Stimmbänder. Das Resultat: Husten und verstärktes Räuspern. Kohlensäurehaltige Getränke können zu Aufstoßen führen, Pfefferminzbonbons und Milch den Gaumen verkleben.
- Halten Sie während des Vortrags ein Glas Wasser bereit – am besten aus der Leitung – auf jeden Fall aber nicht zu kalt und ohne Kohlensäure. Es hilft bei Heiserkeit, Stimmverlust und sogar Magenknurren.

Viel sagende Signale – Die Körpersprache

Genauso verräterisch wie die Stimme ist die Körpersprache. Starke Worte laufen ins Leere, wenn der Redner dabei nervös mit seinem Stift spielt oder den Blick zum Publikum meidet.

Nicht klein machen! – Blick, Haltung und Gestik

Menschen, die sich in ihrer Haut unwohl fühlen, stellen die Beine dicht zusammen, pressen die Arme an den Körper oder verschränken sie gar auf dem Rücken. Sie ziehen die Schultern hoch und den Kopf ein. Man sieht deutlich: Am liebsten wäre Ihnen, man würde sie übersehen!

TIPP

Klammern Sie sich nirgends fest, vermeiden Sie Kratzen und Zupfen und aufgesetzte, künstliche Gesten.

Suchen Sie sich einen sicheren und bequemen Stand. Die Füße stehen etwa in Schulterbreite auseinander. Die Knie sind nicht durchgedrückt. Ihre Arme hängen locker an der Seite herunter oder halten Ihre Stichwortkärtchen etwa auf Höhe des Bauchnabels. Ihr Rücken ist gerade, Ihr Kopf erhoben. Sie schauen Ihr Publikum an. Wenn Sie Ihren Stand gefunden haben, dann konzentrieren Sie sich auf Ihre Inhalte.

So beginnen Sie Ihre Präsentation

Gehen Sie mit festen Schritten auf Ihren Platz. Sehen Sie das Publikum mindestens eine Sekunde an und lächeln Sie dabei. Wenn im Saal Ruhe eingekehrt ist, atmen Sie tief durch und beginnen zu sprechen.

Fazit

Jeder kann bei einer Präsentation eine gute Figur abgeben. Die meisten Fehler lassen sich durch Achtsamkeit und ein wenig Übung abstellen. Niemand braucht einen Unterhaltungskünstler abzugeben. Das Wichtigste ist, einen Widerspruch zwischen Inhalt und Auftreten zu vermeiden. Machen Sie sich immer wieder klar, dass Sie wirklich etwas zu sagen haben. Bleiben Sie also gelassen. Ihr Publikum ist Ihnen gewogen und interessiert sich für Ihre Ausführungen.

Achtung Lampenfieber!

Lampenfieber vor einem öffentlichen Auftritt ist die normalste Sache der Welt. Wenn wir erregt sind, produziert unser Gehirn Adrenalin. Das löst die bekannten körperlichen und geistigen Symptome aus: Die Nerven sind gespannt, das Blut kommt in Wallung und führt zu verräterischer Röte im Gesicht, die Muskeln verkrampfen, die Schweißdrüsen werden aktiv, der Atem geht schneller, der Gaumen trocknet aus, das Gehirn dagegen scheint plötzlich völlig leer.

In der Steinzeit, wo schnelle körperliche Reaktionen überlebensnotwendig waren, dienten diese Symptome dazu, ohne viel Nachdenken zuzuschlagen oder abzuhauen. Heute wären wir in den wichtigen Situationen unseres Lebens meistens ohne diesen Adrenalinschub besser dran. Doch die Evolution arbeitet langsam. Also bleibt uns nichts anderes übrig, als damit umgehen zu lernen:

- **Gute Vorbereitung:** Wenn Sie perfektes Material in der Tasche haben und die Technik gecheckt ist, dann kann Ihnen nicht viel passieren.
- **Positives Denken:** Das Publikum erwartet in der Regel keine Perfektion. Dazu werden viel zu viele schlechte Reden gehalten.
- **Passende Kleidung:** Begeben Sie sich nicht auf schwankende Absätze und legen Sie sich keinen Kragen um, der Ihnen den Atem nimmt. Ein Tuch in den richtigen Farben kann dagegen von der verräterischen Röte ablenken.
- **Körperliche Aktivität:** Bauen Sie das überschüssige Adrenalin vor der Rede ab: zum Beispiel durch autogenes Training, bewusstes, tiefes Atmen oder einen kurzen Spaziergang, notfalls auch nur den Gang auf und ab.

- **Kontrolle gewinnen:** Die negativen Auswirkungen von Lampenfieber werden oft übertrieben empfunden. Sie haben das Gefühl, knallrot zu sein und schrecklich zu stottern, während Ihr Publikum lediglich eine gewisse Erregung wahrnimmt. Fragen Sie also Personen Ihres Vertrauens, wie Sie wirklich wirken.

Wichtig ist, dass Sie sachlich mit Ihren Ängsten umgehen. Besser ein Alarmsystem, das manchmal überreagiert, als eines, das im entscheidenden Augenblick versagt. Verpassen Sie sich also keine Etiketten wie »Ich bin ein Feigling! Ich kann das einfach nicht«, sondern analysieren Sie genau, wo das Problem liegt.

- Wovor haben Sie Angst? Ist das gerechtfertigt? Was lässt sich dagegen tun?
- Überlegen Sie vor einer Rede, was Ihnen schlimmstenfalls passieren kann. Lohnt das die Aufregung?
- Akzeptieren Sie Ihre Ängste: »Dann werde ich eben leuchten wie eine Glühbirne. Aber meine Argumente sind gut und ich werde sie an den Mann bringen.«
- Erwägen Sie ein Sprechtraining. Sie werden dort Leute kennen lernen, die die gleichen Ängste haben wie Sie. Das entspannt.
- Haben Sie Geduld mit sich selbst. Ängste, die sich über Jahre aufgebaut haben, können nicht über Nacht verschwinden.

Ohne Panne durch die Präsentation

Wenn alles immer glatt ginge, dann wäre das Präsentieren leicht. In der Realität geht natürlich nicht alles glatt, aber auch nicht so viel schief, wie Pessimisten sich das ausmalen. Vor allem lassen sich viele kritische Situationen entschärfen, bevor sie sich wirklich zur Panne auswachsen.

Störfeuer – Der richtige Umgang mit Zwischenrufen

Für viele Redner gibt es nichts Schlimmeres als den Gedanken an unberechenbare, feindselige oder auch nur störende Zwischenrufe aus dem Publikum. Nicht die Präsentation selbst erscheint riskant, aber die möglichen Reaktionen der Zuhörer. Aber auch dagegen kann man angehen.

Nachfragen kanalisieren

Die meisten störenden Reaktionen sind nicht feindselig. Viele Zwischenrufe sind durchaus sachbezogen. Die Störer haben etwas nicht verstanden, möchten auf einen Widerspruch hinweisen oder ihren eigenen Standpunkt zu Gehör bringen. Sie haben es aber oft fürchterlich dringend damit und lassen sich nur schwer bremsen.

- Stellen Sie gleich zu Beginn eine Fragerunde in Aussicht. Bitten Sie um Verständnis, dass Sie während des Vortrags keine inhaltlichen Fragen zulassen können.
- Fordern Sie auf, Verständnisfragen per Handzeichen zu signalisieren. Antworten Sie darauf nur kurz.

- Sie auf den Frager zu, wenn Sie antworten, und treten Sie wieder zurück, sobald Sie fertig sind. Das hemmt die Bereitschaft zum Nachhaken.
- Verweisen Sie bei allen inhaltlichen Fragen auf die Diskussion. Wenn Sie wollen, können Sie sich umgänglich zeigen und die ersten beiden trotzdem beantworten, aber spätestens bei der dritten sollten Sie hart bleiben.
- Notieren Sie Fragen und Probleme, die während des Vortrags auftauchen, auf dem Flipchart und sagen Sie gleichzeitig, dass Sie diesen Punkt zu einem späteren Zeitpunkt gerne wieder aufgreifen werden.

TIPP
Sie können Zwischenfragen zuvorkommen, indem Sie sich selbst erkundigen, ob es noch Fragen gibt. Viele notorische Querulanten sind dadurch überrumpelt und halten den Mund.

- Vereinnahmen Sie den Rest des Publikums für sich, wenn der Störer besonders penetrant ist. Bitten Sie den Zwischenrufer, im Interesse der anderen Zuhörer, diese ständigen Unterbrechungen einzustellen.
- Manche schwierigen Gesprächspartner erkennt man schon an

Ihren übereifrigen Handzeichen. Nehmen Sie diese immer als Letzte dran.

Anfeindungen abwehren

Die meisten Anfeindungen kommen nicht überraschend. In der Regel wissen Sie, ob Ihr Thema Kontroversen auslöst. Ihnen ist beispielsweise bekannt, dass einige Entscheidungsträger in der Firma nicht hinter dem Projekt stehen und sind kaum überrascht, dass der Chef allem, was zusätzliche Kosten verursacht, erst einmal sehr misstrauisch gegenübersteht. Selbstverständlich ist Ihnen klar, dass die Bürgerinitiative gegen den Ausbau der Stadtautobahn Sie nicht eingeladen hätte, wenn es keine starke Strömung pro Autobahn gäbe. Gegen Widersacher, die den Schlagabtausch zivilisiert, fair und rein auf der Sachebene führen, können Sie sich inhaltlich vorbereiten. Leider gibt es da immer noch die Quertreiber, die versuchen, sich mit Lautstärke, persönlichen Beleidigungen und unfairen Tricks durchzusetzen.

TIPP
Geben Sie dem Angreifer nicht das Gefühl, dass die Mehrheit im Saal hinter ihm steht.

Wer angegriffen wird, wünscht sich ein Wunderwaffe zum Zurückschlagen, die es aber nicht gibt. Sie aber lernen nun Strategien und Beispielsätze kennen, die Ihnen helfen Situationen wieder in den Griff zu bekommen:

- Am wichtigsten ist, dass das Publikum Sie glaubwürdiger und sympathischer findet als den Angreifer. Argumentieren Sie im Namen Ihrer Zuhörer: »Ich finde Ihr Verhalten sehr unsozial. Glauben Sie, Sie sind der Einzige hier, der etwas sagen möchte? Wir haben uns geeinigt, im Anschluss eine Diskussion zu führen. Mit Ihren fortwährenden Einwürfen brüskieren Sie alle, die sich an die Absprache halten.«
- Antworten Sie nicht auf jede Kleinigkeit. Ein unterdrücktes Gemurmel können Sie überhören oder mit einem eisigen Blick kontern. Auch ein sachliches »Ich bitte um Ruhe!« wirkt

manchmal schon. Manchmal hilft es, wenn Sie den Zwischenrufer zu einer Wiederholung zwingen. »Ich habe Sie leider akustisch nicht verstanden. Würden Sie Ihr Anliegen bitte noch einmal formulieren?« Die meisten Angreifer rudern zurück und bringen eine stark entschärfte Version.

- Sprechen Sie den Angreifer mit seinem Namen an. Das macht ihn zum Individuum anstatt zum selbstgewählten Sprachrohr der Masse. Wenn Ihnen der Name nicht bekannt ist, können Sie auffordern: »Würden Sie mir bitte sagen, wer Sie sind und für welche Institution Sie sprechen?« Stellen Sie bei großen Veranstaltungen ein Mikrofon auf und bitten Sie jeden Zwischenrufer, dorthin zu gehen, sich erst vorzustellen und dann seine Frage zu stellen. Das hemmt ungemein.
- Oft kann eine Gegenfrage oder Aufforderung einen Angreifer matt setzen. »Wenn ich Sie recht verstanden habe, zweifeln Sie die Aussagekraft meiner Untersuchungsergebnisse an. Würden Sie mir dafür bitte drei vernünftige Gründe nennen?« Es

TIPP
Lassen Sie sich von Störungen nicht von Ihrem roten Faden abbringen.

kann Ihnen natürlich passieren, dass der Angreifer mit einem unsachlichen wie emotionalen Wortschwall reagiert. Sie müssen in der Lage sein, dies zu unterbinden. Wenn Ihnen das zu riskant erscheint, dann wenden Sie diese Methode lieber nicht an.

- Wenn die Anfeindung noch halbwegs sachlich vorgetragen ist (»Das ist doch Unsinn! Professor Klein hat festgestellt ...«), ist es in der Regel taktisch geschickter, den »Unsinn« zu überhören und sachlich zu antworten. »Ich kenne die Untersuchung von Professor Klein. Wir können darauf gerne in der Diskussion eingehen.«
- Wirkliche Beleidigungen, vor allem persönlicher Art, weisen Sie kühl und entschieden zurück. Regen Sie sich nicht auf und rechtfertigen Sie sich nicht. Gehen Sie nicht auf die unsachliche Kritik ein. »Auf diesem Niveau antworte ich nicht.« Verlieren Sie so wenig Worte wie möglich, aber gehen Sie auch nicht darüber hinweg.
- In Ausnahmefällen, wenn ein sachliches Argument in der Beleidigung sehr stark ist, kann es unklug sein, eine Auseinandersetzung abzulehnen. »Ihre Gurkentruppe hat doch schon die Planungsphase des Projekts versaut.« Räumen Sie

MERKE: Es kann immer vorkommen, dass jemand mit aller Gewalt Ihre Veranstaltung sabotieren will. Entweder, weil er eine grundsätzlich feindliche Einstellung gegenüber Ihren Thesen oder einfach nur einen schlechten Charakter hat und jede Chance zum Krawall nutzt. Wenn so etwas passiert, dann tragen nicht Sie die Verantwortung! Liefern Sie sich keine sinnlosen Duelle, sondern achten Sie vielmehr darauf, dass das Publikum und Ihre Auftraggeber auf Ihrer Seite bleiben.

die Fehler ein, aber nicht mehr. »Ich wäre der Letzte, der nicht zugeben würde, dass in der Planungsphase Dinge schief gelaufen sind. Aber Sie werden verstehen, dass ich auf diesem Niveau nicht diskutiere.« Sie müssen nun natürlich damit rechnen, dass ein anderer Zuhörer in angemessenem Ton fragt, wie Sie sicherstellen wollen, dass ähnliche Fehler sich nicht wiederholen.

- Fallen Sie niemandem in die Rede, der sich so richtig aufregt. Wenn jemand Sie mit einer Lawine von Beschimpfungen überschüttet, dann haben Sie keine Chance. Aber solche Leute disqualifizieren sich selbst. In der Regel können Sie ganz gelassen abwarten und am Ende milde lächelnd – und natürlich rein rhetorisch – fragen: »Können wir jetzt wieder zum Thema zurückkehren?« Sie dürfen davon ausgehen, dass Ihr Gegner nicht mehr die Luft hat, um zu widersprechen.

Ohne Absicht!

Nicht jede Reaktion aus dem Publikum ist gegen Sie gerichtet!

- **Spontane Ausrufe:** Manche Zwischenrufe passieren einfach. Sie brauchen nur eine unglückliche oder zweideutige Formulierung zu verwenden und schon platzt ein Spaßvogel mit einem Kalauer heraus. Machen Sie gute Miene dazu, auch wenn Sie die Sache nicht witzig finden. Wenn die Masse sich hat anstecken lassen, tun Sie sich keinen Gefallen, wenn Sie wütend werden. Lächeln Sie kurz, warten Sie einen Moment, bis wieder halbwegs Ruhe eingekehrt ist und fahren Sie dann fort. Aber ermutigen Sie den Störer nicht – selbst wenn der Gag gut war.
- **Unruhe im Publikum:** Stellen Sie eine Frage, um die Aufmerksamkeit zurückzubekommen oder erklären Sie deutlich. »Diesen Punkt sollten Sie besonders ernst nehmen.« Sie können es auch mit einem Heben der Stimme probieren. Wenn alles nichts hilft, dann werden Sie konkret: »Es ist mir bewusst,

dass es schon spät ist. Aber ich wäre Ihnen dankbar, wenn Ihre Konzentration noch für eine viertel Stunde reicht!«

- **Unterbrechungen:** Halten Sie kurz inne, wenn ein Handy klingelt, ein Besucher mit viel Umstand den Saal verlässt oder die Sekretärin jemanden ans Telefon holt. Bitten Sie aber, weitere Störungen zu vermeiden, zum Beispiel die Handys auszuschalten.

Hilfe Blackout! – Wie Sie mit Pannen umgehen

Blackouts gehören zu den am meisten überschätzten Problemen, während einer Präsentation. Blackouts können vorkommen, sind aber nur eine Gefahr, wenn Sie eine freie Rede halten. Bei einer gut vorbereiteten Präsentation werden Sie durch so was ganz selten ernsthaft in Schwierigkeiten geraten.

Durchatmen statt Panik

Natürlich können Sie bei einer Präsentation trotz bester Vorbereitung den Faden verlieren. Gerade wenn Sie begeistert und mit Elan am Reden sind, Ihre Stichwortkarten schon fast vergessen und den optimalen Draht zum Publikum aufgebaut haben, kommen Sie plötzlich ins Stocken. Die Überleitung zum nächsten Punkt ist Ihnen völlig entfallen, ja Sie wissen nicht einmal mehr, was als Nächstes folgt.

TIPP
Die Pause als Stilmittel hilft auch, wenn Sie zu schnell geworden sind, Ihre Stimme versagt oder Sie ins Stottern geraten sind.

Der einzige Fehler, den Sie jetzt machen können, ist, in Panik zu verfallen. Denn schließlich ist die Rettung nicht weit. Sie haben Ihre Stichwortkarten, Sie haben die Visualisierungen in richtiger Reihenfolge neben sich liegen, vielleicht auch noch die Tagesordnung auf dem Flipchart. Es wird Sie nur einen Moment kosten, sich wieder zu orientieren. Vielleicht steht die Überleitung sogar ausformuliert auf Ihren Karten. Notfalls tut es auch der Satz: »Und nun zum nächsten Punkt!«

MERKE: **Es geht in erster Linie nicht darum, dass der Fehler Ihnen keine Probleme beschert, sondern dass er Ihren Zuhörern keine macht.**

Mit ein bisschen Geschick wird Ihr Publikum nicht einmal merken, dass Sie ins Stolpern geraten sind. Atmen Sie einfach durch und halten sie für einen Moment den Blickkontakt aufrecht. Ihre Zuhörer werden meinen, dies gehöre zum Vortrag. Sie können den letzten Gedanken auch noch einmal wiederholen. Oder sich vergewissern: »Gibt es bis zu diesem Punkt Fragen?« Wenn Sie anschließend auf Ihre Karten blicken, um fortzufahren, ist das das Natürlichste der Welt.

Ehrlichkeit macht sympathisch

Wenn das Missgeschick offensichtlich ist, weil Sie etwa ins Stottern gekommen sind, dann genügt eine einfache Entschuldigung. Lächeln Sie und reden weiter. Wenn die Panne größer ist, dann sprechen Sie die Sache an: »Entschuldigung, da ist mir etwas durcheinander geraten.«

Wenn Sie sich deutlich vergaloppiert haben, dann sollten Sie Ihre Zuhörer nicht mit einem kühnen Bogen in Verwirrung stürzen. Erklären Sie, dass Sie eine Folie vertauscht, einen Unterpunkt vergessen oder sich sinnentstellend versprochen haben! Versuchen sie nicht, dass Vergessene oder die Richtigstellung möglichst schnell abzuhandeln, sondern gehen Sie noch einmal zum Ausgangspunkt zurück und setzen Sie neu an.

Filmriss – Wenn die Technik streikt

Ganz klar: Wer seine technischen Geräte vorher nicht gründlich prüft, der ist selbst schuld. Lassen Sie sich die Panne eine wertvolle Lehre fürs nächste Mal sein.

Allerdings bewahrt selbst der beste Check nicht vor Missgeschicken. Was können Sie sonst noch tun, um Problemen vorzubeugen?

1. **Der Fachmann:** Informieren Sie sich, wer in dem Gebäude, in dem Sie sprechen, für die Technik zuständig ist, und wie Sie den Experten im Zweifelsfall erreichen. Wenn kein Techniker während Ihres Vortrags zur Hand ist, dann wissen Sie wenigstens, worauf Sie sich einstellen müssen.
2. **Der Erste-Hilfe-Kasten:** Es gibt einige Dinge, die sehr nützlich sein können, wenn es doch zu Pannen kommt:
   - Eine Kopie Ihrer Stichwortkarten
   - Ersatzstifte für Flipchart und Tageslichtprojektor
   - Schraubenzieher
   - Klebeband
   - Karteikärtchen und Stifte, falls eine Computer- oder Folienpräsentation wegen technischer Probleme plötzlich per Hand stattfinden muss

3. **Ausweichmöglichkeiten:** Sie sollten sich gedanklich auf den Ausfall jedes Ihrer technischen Geräte vorbereiten. Wenn Diaprojektor, Beamer oder Notebook versagen, bleibt meist das Flipchart. Informieren Sie sich, wie Sie Ihre Folien schnell für alle Zuhörer kopieren lassen können.

Und wenn es doch passiert?

▸ Das Mikrofon versagt

Machen Sie einen Test, ob Sie auch ohne Technik verständlich sind. Wenn nicht, dann rufen Sie den Techniker. Ist keiner verfügbar, müssen Sie versuchen, Ihr Publikum enger zusammenzuholen oder von der Raummitte aus zu sprechen.

TIPP
Wenden Sie sich an den Veranstaltungsleiter, der sich um organisatorische Probleme kümmert. Bitten Sie ihn um Abhilfe und setzen Sie Ihren Vortrag mit anderen Medien fort.

▸ Die Stichwortkärtchen segeln zu Boden

Wenn die Kärtchen mit einem Griff aufzuheben sind und Sie weiterreden können, ohne sie zu ordnen, dann tun Sie das mit einer knappen Entschuldigung. Wenn die Bescherung breit verteilt ist, dann kommentieren Sie das scherzhaft »Mein Manuskript bekommt Flügel. Aber es geht auch ohne.« Machen Sie jedoch möglichst bald eine Pause, um den störenden Anblick zu beseitigen. Wenn Sie nicht weitermachen können, ohne die Karten zu ordnen, dann unterbrechen Sie: »Ich glaube, das war jetzt ein Signal für eine kurze Pause.«

Fazit

Die Angst vor Pannen ist meist größer als die Probleme, die tatsächlich entstehen können. Ein Teil lässt sich durch eine gute Vorbereitung vermeiden, der andere durch Ruhe und Souveränität in den Griff bekommen.

Glossar

Analytisches Denken: Fähigkeit, einen Sachverhalt gedanklich in seine einzelnen Teile zu zerlegen, dabei der Zusammensetzung auf den Grund zu kommen und daraus neue Erkenntnisse zu gewinnen.

Argumentation: Bemühen, andere zu bestimmten Einsichten und Bewertungen zu bringen und zu entsprechenden Aktivitäten zu motivieren.

Auflösung: Anzahl der Bildschirmpunkte (Pixel). Je höher desto besser, allerdings technisch aufwändiger. Auflösung von Grafikkarte im Rechner und Projektor sollten übereinstimmen.

Bauchatmung: Die Luft wird tiefer eingezogen. Dadurch erhöht sich die Luftmenge in der Lunge. Wer diese Technik beherrscht, muss weniger Atemzüge pro Minute machen und kommt in Stresssituationen nicht in Atemnot.

Beamer (korrekt Multimedia-Datenprojektor): Projektionsgerät, das Daten aus dem Computer großformatig übertragen kann. Beamer sind sehr teuer. Sie können Sie jedoch auch leihen oder mieten mit dem Konferenzraum, wo sie unter der Decke fest installiert sind.

Bogensatz: Sprechtechnik. Die Stimme steigt bis etwa zur Mitte des Satzes an und wird dann wieder gesenkt. Es folgt eine Pause, bevor der nächste Satz beginnt.

Clipart: Kleine, auf dem Computer erstellte Bildchen und Symbole, die sich in Dokumente einfügen lassen. Man findet sie teilweise als Beigabe zur Software oder im Internet in Clipart Bibliotheken (dort oft kostenpflichtig!).

Flipchart: Präsentationsmedium. Dreibeiniges Gestell, das einen Block Papier trägt. Dieser ist in der Regel 72 mal 100 Zentimeter groß und mit Ringung oder Klemmschiene befestigt. Das Flipchart ist eines der beliebtesten Medien für Präsentationen mit bis zu 20 Teilnehmern. Danach ergeben sich in der Regel Probleme mit der Lesbarkeit.

Flipframes: Klarsichthüllen, die Folien schützen. Ein Rahmen aus dünner Pappe um die Folie sorgt dafür, dass bei der Projektion ein störender heller Rand vermieden und der Blick auf das Wesentliche gelenkt wird. Außerdem kann er mit Notizen beschrieben werden und hat eine Lochung zum Abheften. Die durchsichtige Hülle muss während der Präsentation nicht entfernt werden und kann mit Folienstiften beschrieben werden. Allerdings dämpfen Flipframes die Lichtintensität. Deshalb sollte man immer ausprobieren, ob die Folien damit gut lesbar bleiben.

Freeze: Funktion am Beamer, die das aktuelle Projektionsbild einfriert, sodass der Referent vom Publikum unbemerkt Programmänderungen durchführen kann.

Funkmaus: Gerät zur drahtlosen Steuerung des Computers. Die Übertragung erfolgt entweder über Funk oder eine Infrarot-Schnittstelle. Infrarot-Mäuse haben eine begrenzte Reichweite von etwa vier Metern. Außerdem darf sich kein Gegenstand im Übertragungsweg befinden. Für die Verwendung von Funkmäusen braucht das Notebook eine entsprechende Schnittstelle. Vor dem Kauf sollte man testen, ob die Maus zur persönlichen Feinmotorik passt.

Empathie: Die Fähigkeit, sich in einen anderen Menschen einzufühlen.

Gestik: (von *lat. gestus* – Haltung, Bewegung, Gebärde) bewusst oder unbewusst eingesetzte Bewegung von Armen und Händen.

Handout: Unterlagen, die den Teilnehmern im Rahmen der Präsentation ausgehändigt werden.

Keystone- oder Grabsteineffekt: Die Projektionsfläche des Tageslichtprojektors oder Beamers an der Wand hat die Form eines Trapezes. Die Verzerrung ist umso größer, je steiler das Bild nach oben projiziert wird. Gute Beamer haben eine Korrekturfunktion. Andernfalls können Sie den Effekt mit einer Leinwand, die sich schräg stellen lässt, aufheben.

Mimik: Ausdruck von Gefühlen und Stimmungen durch die Gesichtsmuskulatur.

Overhead-display (Liquid Crystal Display): Ein Aufsatz, der auf den Tageslichtprojektor gelegt wird. An ihn können Videokamera oder Notebook angeschlossen werden, sodass Sie Filme oder Computerdateien über den Projektor an die Wand werfen können.

Overlay: Sie legen auf dem Tageslichtprojektor mehrere Folien übereinander, um eine Darstellung Stück für Stück aufzubauen. Dabei verschlechtert sich allerdings die Lichtqualität. Ab fünf Folien kann es kritisch werden, bei Auflichtprojektoren schon früher. Machen sie einen Test am konkreten Gerät.

Pixel: »Picture Element«, kleinster ansteuerbarer Bildschirmpunkt auf dem Computerbildschirm.

PowerPoint: Gängiges Präsentationsprogramm, das Bestandteil des Microsoft Office-Paktes ist.

Screen: Bildschirmseite bei der Präsentation vom Notebook.

Tageslichtprojektor (Overheadprojektor, Polylux): Präsentationsgerät, das den Inhalt beschrifteter Folien an die Wand projiziert. Die meisten sind Durchlichtgeräte. Das Licht scheint aus dem Gerät durch die Folie und trifft einen Umlenkspiegel. Bei den handlichen Auflicht- oder Koffergeräten sitzt das Licht neben dem Umlenkspiegel und wird von oben durch die Folie und dann wieder zurückgelenkt. Die Nachteile dabei sind, dass die Lichtleistung durch das zweimalige Umlenken schlechter ist, und der Präsentator leichter geblendet wird.

Websites und Adressen

- AV Views

  Das Magazin für Audiovisuelle Kommunikation und Präsentation
  Media Script Verlag und Service GmbH
  Mühlenstr. 56
  52134 Herzogenrath
  Tel. (0 24 07) 9 18 27
  Fax (0 24 07) 57 29 70
  E-Mail: info@av.views.com
  www.av.views.de

- www.teachsam.de

  Privates kostenloses Weiterbildungsangebot, zum Beispiel Mindmapping, Brainstorming, Textarbeit und der Umgang mit Diagrammen unter »Arbeitstechniken« oder zum Argumentieren unter »Deutsch«.

- www.av-profis.com

  Unabhängiges Portal für Präsentationstechnik der grafenberg Verlags GmbH mit zusätzlichen Informationen wie Fachwort-Lexikon.

Software

- www.microsoft.com
- www.powerpoint-forum.de (Internet-Forum zu PowerPoint)
- www.lerneniminternet.de/htm/powerpoint/html (Internetkurs zu PowerPoint mit kostenloser Probeversion)

Frequently Asked Questions

- *Welche Software brauche ich für Computerpräsentationen?*

  Sie können sogar mit Word Grafiken herstellen. Bequemer und attraktiver sind natürlich spezielle Präsentations- oder Desktop-Publishing-Programme. PowerPoint ist am bekanntesten, weil es standardmäßig zum Microsoft-Office-Paket gehört. Mit Excel lassen sich alle Daten sehr leicht in Diagramme umsetzen. Es empfiehlt sich meistens, die Programme zu benutzen, die in der Firma üblich sind. Auch Tipps von guten Freunden sind nicht zu verachten, wenn sie bei der Handhabung helfen.

- *Muss ich einen Kurs machen, um den Umgang mit Präsentationssoftware zu lernen?*

  Nicht unbedingt! Die meisten Programme sind inzwischen sehr bequem in der Handhabung. Viele Nutzer kommen durch einfaches Ausprobieren sehr weit. Außerdem gibt es zu allen Programmen dicke Hand- und Lehrbücher. Lernen Sie so, wie es Ihnen am meisten bringt. Kurse zu den gängigen Programmen gibt es für zivile Preise zum Beispiel an Volkshochschulen.

- *Präsentationsprogramme haben Vorlagen zur Strukturierung eines Vortrags. Ist es sinnvoll diese zu verwenden?*

  Wenn Sie Ihnen zusagen, natürlich! Aber halten Sie sich nicht sklavisch daran. Was nicht passt, lassen Sie weg. Denken Sie auch über die Vorlage hinaus. Ihre Präsentation darf im Endeffekt kein standardisiertes Produkt werden, sondern muss genau zu der konkreten Situation passen.

- *Was für ein Notebook brauche ich?*

  Es muss multimediafähig sein und alle gängigen Audio- und Grafikformate unterstützen. Wichtig ist, dass es kompatibel mit dem Beamer oder anderen angeschlossenen Geräten ist.

Für den Anschluss müssen ausreichend Schnittstellen vorhanden sein. Lassen Sie sich im Fachhandel beraten.

- *Brauche ich unbedingt ein Mikrofon?*

Grundsätzlich ist es natürlich besser, wenn Sie nur mit Ihrer Stimme zum Publikum sprechen, ohne ein technisches Gerät dazwischenzuschalten, das immer für Verzerrungen sorgt und pannenanfällig ist. Andererseits sprechen viele Menschen zu leise. Ein Mikro ist allemal besser als ständige Zwischenrufe, die um etwas mehr Lautstärke bitten. Ab etwas 30 Teilnehmern und einer entsprechenden Raumgröße werden Sie ohne Mikrofon nicht mehr auskommen. Beamer und Tageslichtprojektoren haben oft eingebaute Mikros, doch die Qualität externer Geräte ist besser. Am praktischsten, aber auch empfindlichsten sind umgehängte oder ansteckbare Mikrofone. Mit Handmikrofon können sie die Teilnehmer einbinden, allerdings haben Sie dann keine Hand mehr frei für Ihre Stichwortkarten. Denn auf die Möglichkeit zur freien Gestik sollten Sie auf keinen Fall verzichten. Fest stehende Mikrofone nageln Sie auf einen Platz fest und sind deshalb nicht geeignet.

Register